Für Karin - ACH Schade!
auch keine "
von Christa

2019

Ulrike Thomas

»Alte Schachteln«

Zwanzig Mannheimerinnen im Porträt

verlag regionalkultur

Für meine Großmutter Luise
1902 – 1992

Titel: »Alte Schachteln«
                  Zwanzig Mannheimerinnen im Porträt
Text und Fotos: Ulrike Thomas
Herstellung: verlag regionalkultur (vr)
Satz: Andrea Sitzler (vr)
Korrektorat: Gabi Gumbel

ISBN 978-3-95505-138-9

Bibliographische Information der Deutschen Bibliothek
Die Deutsche Bibliothek verzeichnet diese Publikation in der Deutschen Nationalbibliographie;
detaillierte bibliographische Daten sind im Internet über http://dnb.ddb.de abrufbar.

Diese Publikation ist auf alterungsbeständigem und säurefreiem Papier
(TCF nach ISO 9706) gedruckt entsprechend den Frankfurter Forderungen.

verlag regionalkultur
Ubstadt-Weiher • Heidelberg • Speyer • Basel

Korrespondenzadresse:
Bahnhofstraße 2 • D-76698 Ubstadt-Weiher
Tel. 07251 36703-0 • *Fax* 07251 36703-29
E-Mail kontakt@verlag-regionalkultur.de • *Internet* www.verlag-regionalkultur.de

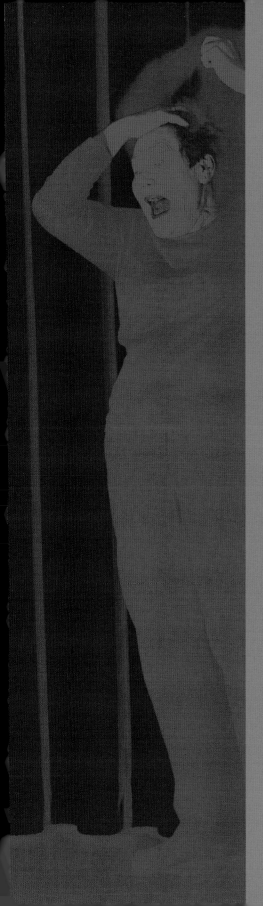

Inhalt

Vorwort

»Alte Schachtel«, die umgangssprachliche Bezeichnung »für eine ältliche Frau (16. Jahrhundert), meint ursprünglich verhüllend die weibliche Scham« (Duden, Etymologie 1989). Auch andere Erklärungen für diese abwertende Bezeichnung für ältere Frauen sind nicht schmeichelhafter. In Film und Fernsehen sind Rollen für Frauen jenseits der 60 immer noch rar und beschränken sich in der Regel auf ihre Funktion in einer Familie oder karikieren die ältere Frau als schrullige Alte. Blendend aussehende Seniorinnen dienen in der Werbung als Modelle für Hilfsmittel aller Art, von der passenden Schminke für die »reife Haut« über Schlafmittel und Schmerzsalben bis hin zu Treppenlifts. Als Frau alt zu sein und dazu zu stehen, ist in einer Gesellschaft, in der der junge, makellose und schlanke weibliche Körper als anzustrebendes Ideal omnipräsent ist, eine echte Herausforderung. Und viele Frauen leiden unter diesen Normen, wie ich auch aus meiner Praxis als Psychotherapeutin weiß. Nicht wenige arbeiten sich zeitlebens daran ab, diesem Idealbild einer Frau zu entsprechen. Fast jede Frau achtet auf ihr Gewicht und ist unglücklich, wenn es außer Kontrolle gerät. Die natürlichen Spuren des Alterns werden überdeckt, gefärbt oder gar wegoperiert. Ganze Industrien leben davon. Dabei könnte dieser Lebensabschnitt, in dem auch Frauen meist weniger Verpflichtungen zu erfüllen haben als vorher, ein ausgesprochen lustvoller sein, in dem endlich Zeit ist, all die Dinge zu tun, die in früheren Lebensphasen zu kurz gekommen sind.

»Ältere Frauen sichtbar machen ...«

Das Projekt besteht aus zwei Teilen, die sich gegenseitig ergänzen. In der Fotoausstellung werden die 20 Teilnehmerinnen in 80 x 120 cm großen Porträts gezeigt, und zwar bei einer für sie wichtigen Tätigkeit oder an einem für sie bedeutsamen Ort. Im vorliegenden Begleitbuch werden neben den Fotos die persönliche Lebensgeschichte, die aktuelle Lebenssituation, Interessen, Hobbies und alles, was die Interviewte selbst für wichtig hält, in kurzen biografischen Texten oder im Interview vorgestellt. Das Ziel meines Projekts ist es, ältere

Frauen sichtbar zu machen und zu zeigen, dass sie keineswegs uninteressante »alte Schachteln« sind. Und nach zwei Jahren, in denen ich ältere Frauen befragt und fotografiert habe, kann ich mit Bestimmtheit sagen, dass ich quicklebendige, hochinteressante und ausgesprochen aktive Frauen kennengelernt habe.

Ganz im Gegensatz zu einem landläufigen Vorurteil, nach dem man Frauen nicht nach ihrem Alter fragt, habe ich die Teilnehmerinnen nach ihrem Alter gefragt und sie haben es mir ohne Umschweife gesagt und stehen dazu.

Die jüngsten der Teilnehmerinnen sind spätestens 1948 geboren, die ältesten frühestens 1930. So sind einige noch in Nazi-Deutschland und Kriegszeiten aufgewachsen, andere bald danach. In der jungen BRD war die rechtliche Gleichstellung von Frauen und Männern, trotz ihrer Verankerung im Grundgesetz 1949, in vielen Bereichen noch Zukunftsmusik. Mit der Heirat waren Frauen faktisch ihrem Ehemann unterstellt, der bei Uneinigkeit in allen Fragen des Zusammenlebens das letzte Wort hatte. Es gab noch eine Pflicht zum ehelichen Beischlaf und der Ehemann konnte seiner Frau mit dem Argument, sie vernachlässige ihre häuslichen Pflichten, das Ausüben einer Erwerbsarbeit verbieten. Aufgrund dieser gesellschaftlichen Übereinkünfte wurden Mädchen und junge Frauen bis zur Heirat nicht selten in irgendwelchen Jobs »geparkt«. Solche Vorurteile und Benachteiligungen erlebten vor allem die älteren Teilnehmerinnen des Projekts intensiv. Etliche mussten mit dem Argument »du heiratest ja doch« ihre schulische »Laufbahn« beenden oder wurden mit der gleichen Begründung daran gehindert, ihren Wunschberuf zu erlernen. Bis auf drei Teilnehmerinnen haben alle geheiratet, manche auch recht früh, mitunter, um dem Elternhaus zu entkommen oder weil sie schwanger waren. Und in den meisten Ehen waren die Vorhaben und Planungen der Ehemänner Richtschnur für wesentliche Aspekte des Zusammenlebens wie Wohnort und Art der beruflichen Betätigung.

»Wenn das eine nicht mehr geht, geht etwas anderes.«

Auch wenn die Herkunfts- und Lebensbedingungen sehr unterschiedlich sind, finden sich in den Biografien der Projektteilnehmerinnen doch auffällige Gemeinsamkeiten. Alle sind auf irgendeine Art Lebenskünstlerinnen, die schon in der Kindheit Strategien entwickelt haben, um Hindernisse zu überwinden. Sei es, dass sie einem restriktiven oder gewalttätigen Elternhaus aus dem Weg gingen, indem sie sich die Natur eroberten oder in Jugendgruppen Rückhalt und Anerkennung fanden, sei es, dass sie in finanziell prekären Verhältnissen gelernt haben, mit viel Kreativität aus wenig mehr zu machen. Wer früh im Sport Anerkennung und Befriedigung gefunden hat, ist auch heute noch sportlich aktiv. Wer als Kind musikalische Grundlagen und Fertigkeiten erworben hat, nutzt diese auch heute noch mit Freude. Aus den kreativen Kindern sind kreative Erwachsene geworden und sozial Interessierte engagieren sich auch in höherem Alter für gesellschaftliche Belange. So zieht sich aktives Tun wie ein roter Faden durch die Biografien. Anders gesagt: Jammern, passives Abwarten und Sich-Verlassen auf Aktivitäten anderer ist die Sache der hier Porträtierten nicht. Sie gestalten jeden Tag und geben ihm Sinn. Vielleicht ist diese aktive Grundhaltung mit dafür verantwortlich, dass sie sich weder von schweren überstandenen Krankheiten noch von chronischen körperlichen Beschwerden einschüchtern ließen und lassen. Oder wie es eine Teilnehmerin formulierte: »Wenn das eine nicht mehr geht, geht etwas anderes.«

Einen wesentlichen Unterschied für das tägliche Leben macht es, ob ein Mensch in einer Beziehung oder allein lebt. Laut einer Mitteilung des Statistischen Bundesamtes Wiesbaden lebten 2017 in Deutschland 45 % der Frauen ab 65 Jahren allein in einem Haushalt. Wie das Statistische Bundesamt auf Basis von Ergebnissen des Mikrozensus weiter mitteilt, lag der Anteil bei Männern dieser Altersgruppe wesentlich niedriger, nämlich bei 20 %. Am häufigsten lebten Seniorinnen und Senioren mit einer Ehepartnerin beziehungsweise einem Ehepartner im Haushalt (59 %). Dies war jedoch deutlich häufiger bei älteren Männern (74 %) als bei älteren Frauen (48 %) der Fall. Mit höherem Alter steigt der Anteil der Alleinlebenden, wobei auch die Unterschiede zwischen Frauen und Männern größer werden. Fast drei Viertel (73 %) der hochbetagten Frauen ab 85 Jahren lebten allein, während es bei den Männern der gleichen Altersgruppe nur ein Drittel (33 %) war. Diese Differenz lässt sich meines Erachtens nur dadurch erklären, dass alte Männer mit erheblich jüngeren Frauen zusammenleben.

Manche alten Männer halten offenbar Frauen, die ihre Töchter sein könnten, für adäquate Gefährtinnen. Diesen Eindruck bestätigt ein Blick in die Partnerschaftsbörsen.

Der Anteil der Alleinlebenden in meinem Projekt beträgt zwei Drittel. Etliche sind einmal oder mehrfach geschieden, bei anderen ist der Partner verstorben. Für die Alleinlebenden ist das Eingebundensein in ein soziales Netzwerk ebenso wichtig wie für diejenigen, die in unbefriedigenden Beziehungen leben. Aber auch alle, die eine gute Partnerschaft haben, schätzen partnerunabhängige Aktivitäten als wichtig für die eigene Lebenszufriedenheit ein. Ganz bewusst stellen einige der Porträtierten eigene Interessen und Wünsche in den Mittelpunkt ihrer Alltagsgestaltung, nehmen sich mehr Raum und Zeit für sich selbst und setzen deutlicher Grenzen nach außen. Das Bewusstsein über das »Jetzt oder nie« verdrängt frühere Hemmungen und Konfliktvermeidungstendenzen.

Oft ist die Rede von der »Überalterung der Gesellschaft« und deren vermeintlich negative Folgen. Auch wenn die hier vorgestellten älteren Frauen nicht als repräsentativ für alle Menschen ihrer Altersgruppe gelten können, so zeigen sie doch eindrucksvoll, wie vielfältig und wichtig ihr Engagement für unser Gemeinwesen ist. Sie widerlegen überzeugend das Vorurteil, das »alt« mit »hilfsbedürftig« gleichsetzt. Ganz im Gegenteil sind sie die Helferinnen in vielen Bereichen, unterstützen jüngere Menschen und sich gegenseitig. Und, sie können dabei auf ihre lange Lebenserfahrung in Verbindung mit vielfältigen Kompetenzen rekurrieren. Natürlich profitieren sie von ihrem Einsatz auch selbst. Sie sind eingebunden in soziale Gemeinschaften und erhalten Anerkennung. Diese Kombination dürfte die erfolgreichste Prophylaxe gegen alle Abbauerscheinungen des höheren Lebensalters sein und macht die vorhandenen erträglicher.

Ich freue mich auf den Auftakt der Wanderausstellung, der am 12. September 2019 in der Mannheimer Abendakademie stattfindet, und hoffe, dabei alle Teilnehmerinnen gesund und munter wiederzusehen.

Ulrike Thomas

Anna Barbara Dell

74 Jahre

»Ruhestand ist mir zutiefst fremd.«

Als wir uns zum Interview treffen, hat Anne Dell einen Veranstaltungsmarathon hinter sich. Über Wochen agierte sie bei den einander.Aktionstagen[1] 2018 in verschiedenen Funktionen, saß auf Podien, moderierte. Dazwischen wurde sie für ihr langjähriges Engagement mit der Hans-Böckler-Medaille des Deutschen Gewerkschaftsbundes (DGB) geehrt.

Täuscht mein Eindruck, dass du mit fortschreitendem Alter immer aktiver wirst?

Beruflich habe ich vor sechs Jahren zurückgeschraubt, dafür mache ich ehrenamtlich mehr. Ruhestand ist mir zutiefst fremd. In meiner Familie tendiert man nicht zum Ruhestand, außer man ist schwer krank. Da kommt die protestantische Arbeitsethik durch.

Du bist 1944 geboren, also noch im Krieg ...

... ja, in Mainz während eines Luftangriffs. Mein Vater war ein zum Tode verurteilter Kriegsgefangener. Ich lernte ihn erst kennen, als ich zehn Jahre alt war. Bis dahin musste meine Mutter uns vier Kinder allein durchbringen.

Hat sich dein Leben durch das Erscheinen deines Vaters verändert?

Ja, völlig. Vorher war ich sehr frei und selbstständig, ich war viel auf der Straße, im Wald, in der Natur, bin auf Bäume geklettert, dann musste ich ein katholisches Mädchengymnasium besuchen und war sehr behütet.

Hast du das bedauert?

Nein, wir waren eine sehr weltoffene Familie. Meine Mutter hatte vor der Ehe in Berlin als OP-Schwester gearbeitet; sie war äußerst kunstinteressiert, spielte Laute und Klavier. Nach der Rückkehr aus

Mit Cello in der
Kunsthalle

russischer Gefangenschaft kehrte mein Vater in seinen Beruf als Jurist zurück, unsere finanzielle Situation verbesserte sich, ich lernte Cello und Klavier, wir machten Hausmusik, ich spielte im Schulorchester und war zeitweise Klassen- und später Schulsprecherin.

Religion und Weltoffenheit, wie haben sich diese Prägungen auf deinen Lebensweg ausgewirkt?

Nach dem Abitur 1963 hatte ich keine klare Vorstellung, was ich beruflich machen könnte. Ich ging für ein Jahr als Au-pair in eine jüdische Resistance-Familie nach Frankreich und wurde dort als Person sehr gut aufgenommen, habe aber auch die Kritik an Adenauer-Deutschland und dem Wiederaufbau der Bundeswehr mitbekommen. Das hat mich beeindruckt und war der Beginn meiner Liebe zu Frankreich, das ich heute als meine zweite Heimat sehe. Danach bin ich dem Vorbild meiner Mutter gefolgt, habe 1964 geheiratet – einen Theologen – und Kinder gekriegt. 1965 kam der erste Sohn und als mein Mann eine Stelle als Gastdozent in einem College in Indien bekam, bin ich mit ihm gegangen. Dort habe ich Deutsch unterrichtet und Hindi gelernt und noch zwei Kinder bekommen. 1971 bin ich zurück nach Deutschland und habe in Heidelberg Soziologie, Entwicklungsökonomie und Pädagogik studiert. Die Beziehung zu meinem Mann war gescheitert, aber eine Zeit lang haben wir versucht, gemeinsam für die Kinder da zu sein. Es war die Kinderladenzeit, überhaupt eine sehr spannende politische Zeit. Ich habe die marxistischen Theorien aufgesogen, rebelliert, mich emanzipiert von der Kirche und mich von meinem Theologen scheiden lassen, ein Skandal damals.

Du hast dich immer wieder für Verbesserungen der Arbeits- und Lebenssituation von Frauen eingesetzt, bist bei den Gewerkschaftsfrauen aktiv, hast den Frauenchor des DGB »Rote Disteln« mitgegründet, bist im Offenen Netzwerk Mannheimer Frauen[2]. Würdest du dich als Feministin bezeichnen?

Die Frauenfrage zieht sich durch mein ganzes Leben. Um meine Ehescheidung 1977 herum wurde ich sehr feministisch: »schuldig« geschieden, kein Geld, keinen Beruf und kein Dach über dem Kopf. Und der Kampf um meine Kinder, die mir deswegen weggenommen worden waren, begann.

*Wir haben uns in den Achtzigerjahren kennengelernt, als du Perso-
nalrätin im Klinikum warst, wie kamst du dahin?*

Als Soziologin konnte ich zunächst schwer Fuß fassen und ich war
alleinerziehend, nachdem, wie das so schön heißt, die »elterliche
Gewalt« über meine Kinder auf mich übergegangen war. Da wurde mir zu einer Ausbildung zur medizinisch-technischen-Assistentin
(MTA) geraten. Die habe ich gemacht und in diesem Beruf zehn Jahre gearbeitet, auch im Klinikum. Dort wurde ich erst Vertrauens-
frau, dann Personalrätin und habe mich unter anderem in das Thema
Arbeitsschutz eingearbeitet und gegen die Privatisierung der Reini-
gungskräfte gekämpft.

Erfolgreich?
Ja.

*Offiziell bist du Rentnerin, übst aber deine selbstständige Tätigkeit
als Beraterin noch aus?*

Nach meiner Tätigkeit im Klinikum – und als meine Kinder aus dem
Gröbsten raus waren – erhielt ich die Chance, in Berlin in einem
großen Projekt des Bundesministeriums für Arbeit und Sozialord-
nung als Sozialwissenschaftlerin zu arbeiten. Es ging darum, in den
neuen Bundesländern den Arbeitsschutz nach westdeutschem Vorbild aufzubauen. Danach war ich sieben Jahre in einem Beratungsin-
stitut des DGB in Berlin/Brandenburg tätig. Von Anfang an habe ich
mich intensiv fortgebildet, um den Veränderungsprozessen in den
Betrieben gerecht werden zu können. Seit meiner Berentung 2006
bin ich als selbstständige Beraterin in einem Netzwerk, das Betriebs-
rätinnen und -räte der IG Metall schult, aktiv. Derzeit habe ich noch
ein Projekt in einer Firma der Metallbranche, bei dem es um die
Gefährdungsbeurteilung psychischer Belastungen am Arbeitsplatz
geht. Aber wie gesagt habe ich die Gewichtung zugunsten der ehrenamtlichen Tätigkeiten verschoben.

*Ein Schwerpunkt ist dabei das Thema Migration. Du bist bei Kultur-
Quer QuerKultur[3] zweite Vorsitzende und Mitgründerin der Initiative
Save Me[4]. Was treibt dich dazu an?*

Ich bin ja selbst etwas rumgekommen in der Welt und stets gut
aufgenommen worden. Neben meiner zweiten Heimat Frankreich ist

Indien meine dritte. In Indien habe ich damals als junge Frau gesehen, was Armut heißt, aber auch Respekt gelernt vor Menschen, die wegen ihrer Herkunft und ihrer dunklen Hautfarbe außerhalb der indischen Kastengesellschaft standen. Mich interessieren diese unterschiedlichen Vorstellungen und sozialen Lagen. Ein Traum von mir ist ein Migrationsmuseum in Mannheim. Mannheim war ja schon immer Einwanderungsstadt.

Das wäre wirklich ein interessantes und fast überfälliges Projekt. Gibt es potenzielle Kooperationspartner und -partnerinnen?
Sagen wir so, ich habe das Projekt nicht aus den Augen verloren.

Du bist seit vielen Jahren im Arbeitskreis Justiz und Geschichte des Nationalsozialismus in Mannheim[5] aktiv. Was ist dir dabei wichtig?
Weit über 1 000 Menschen wurden in Mannheim durch das NS-Regime zwangssterilisiert. Die Stadtgesellschaft war leider aktiv daran beteiligt. Erniedrigung und rassistische Drangsalierung von Menschen sind mir zuwider. Ich finde es wichtig, dass gerade Jugendliche heutzutage darüber informiert werden und sich aktiv mit dem Thema auseinandersetzen.

Hast du denn bei all deinen ehrenamtlichen Aufgaben noch Zeit für Hobbies?
Politische Arbeit ist mein Hobby! Außerdem macht es mir Spaß, zu lesen oder Filme zu schauen. Diesen Leidenschaften kann ich teilweise in der politischen Arbeit frönen, z. B. in der Literaturreihe »europa_morgen_land« oder in der Agenda-21-Kinoreihe. Aber ich singe auch gern und ich spiele Cello in einem Ensemble, das sich einmal pro Woche trifft. Nicht zu vergessen, ich bin auch Oma und erfinde mit meiner Enkelin zusammen Geschichten und Rollenspiele, singe und musiziere mit ihr. Das liebt sie sehr.

Was wünschst du dir für dich persönlich?
Dass ich so ganz allmählich in Zufriedenheit noch älter werde und die Zeit mit meiner Enkelin und meinem Mann genießen kann.

Lilly Willer

80 Jahre

»Das kriege ich schon hin.«

Gäbe es einen Wettbewerb darum, wer die meisten Ehrenämter hat, Lilly Willer hätte gute Chancen, ihn zu gewinnen. In diverse Gremien bringt sie ihr Wissen und ihre Lebenserfahrung ein. Unter anderem ist sie aktiv im Mannheimer Seniorenrat[6] und in der Regionalen Arbeitsgemeinschaft Barrierefreiheit[7], kümmert sich um Verbesserungen der Lebensqualität Älterer und Menschen mit einem Handicap. Sie könne die Informationen aus den unterschiedlichen Bereichen gut verknüpfen und das Engagement bringe Anerkennung und soziale Kontakte.

Im MajunA-Haus

Die zeitlich aufwendigste Arbeit ist sicher ihre Tätigkeit als Versichertenberaterin, die sie über die Gewerkschaft ver.di seit über 20 Jahren ausübt. Die Akten mit den Rentenanträgen nehmen unübersehbar Raum in der kleinen Wohnung im MajunA[8]-Haus in der Neckarstadt-Ost ein.

Als Älteste von vier Kindern musste sie früh lernen, Verantwortung zu übernehmen. Aber auch das Aneignen von Wissen ist ihr immer wichtig gewesen, sie hat sich »für alles« interessiert. Im Gymnasium ist sie gut in Naturwissenschaften, mit Nachhilfe in Mathe, Physik und Latein bessert sie als Jugendliche ihr karges Taschengeld auf. Der Beruf als Elektroprüferin, in dem sie für Messplätze von Fernmeldekabeln zuständig war, macht ihr Spaß. Aufgrund von Heirat, Geburt und Erziehung ihrer drei Kinder pausiert sie beruflich. Die Ehe ist unglücklich und scheitert mit der Folge deutlicher finanzieller Einschränkungen. Nach 17 Jahren Unterbrechung wagt Lilly Willer 1982 den Wiedereinstieg in den Beruf und arbeitet sich bei BBC in das Bildschirmzeichnen am Computer ein. Wie schon in der Schule ihrer Kinder als Elternvertreterin übernimmt sie in der Firma Verantwortung als Betriebsrätin. Bis 1995 füllt sie ihre berufliche Funktion aus und nimmt dann eine Vorruhestandsregelung an.

Der Eindruck könnte täuschen. Lilly Willer ist nicht nur eine wissbegierige, fleißige Frau mit hohem Verantwortungsbewusstsein, sie liebt auch lustvollere Betätigungen. So fuhr sie bis vor zehn Jahren leidenschaftlich gern Auto, obwohl sie den Führerschein mit 32 Jahren zunächst nur machte, weil ihr Ehemann bewegungsunfähig im Krankenhaus lag. Auch das Tanzen war ihre Leidenschaft. Dabei lernte sie einen Mann kennen, mit dem sie nicht nur Square Dance machte. Eine Zeitlang sind die beiden liiert und bis heute befreundet.

»Stehauffrauchen« wäre eine gute Beschreibung für die Vielseitige, lässt sie sich doch von Schicksalsschlägen nie unterkriegen. Auch der schwere Unfall Ende 2015 – sie wurde von einem Auto angefahren – bringt sie zwar für vier Monate in den Rollstuhl, aber nicht zur Resignation, auch wenn das Gehen schwer fällt und ein Rollator nun zum ständigen Begleiter geworden ist.

Maike Schatz

79 Jahre

»Langsam ist bei mir Bestrafung.«

Schon dem ersten Licht der Welt eilt sie 1940 im Rekordtempo entgegen, auch später nimmt Maike Schatz Chancen und Wendungen
im Lebenslauf ohne langes Zaudern wahr. Der Vater – ein gelernter
Winzer – ist, als SA-Mann zunächst in Polen, dann in Kriegsgefan-
genschaft, die ersten sieben Jahre nicht präsent. Die Mutter arbeitet
als Lehrerin; Bildung und Wissen sind in der Familie genauso alltäg-
lich wie künstlerische Interessen. Die kleine Maike lernt Klavier und
andere Instrumente, näht früh, macht »aus nix was«. Für die »große
Maike« ist Musik immer noch wichtig, genauso wie die Aquarellmale-
rei, die sie bis heute mit großer Freude betreibt.

»Arbeiten hat mir immer Spaß gemacht.«

Nach dem Gymnasium macht die junge Frau eine Lehre zur Buch-
händlerin. Danach zögert sie nicht, mit ihrer ersten großen Liebe,
einem französischen Schauspieler, nach Paris zu gehen und zu heiraten. Nach fünf Jahren verlässt der Mann sie wegen einer anderen
Frau. Maike Schatz, die von Anfang an in Paris einer Ganztagsar-
beit nachgegangen ist, lässt sich auf eine kurze Affäre ein und wird
schwanger. Zurück in Deutschland veranlasst sie die Scheidung und
steigt wieder voll in die Erwerbsarbeit ein. Für die eigenen Eltern ist
sie »das schwarze Schaf«, Unterstützung erhält sie nicht. Aus ihrer
nächsten Ehe – der Mann misshandelt sie – flüchtet sie nach einem
Jahr nach Paris. Sie schätzt das – vor allem für berufstätige Frauen
– bessere französische Sozial- und Gesundheitssystem. Arbeiten hat
ihr immer Spaß gemacht. Die dritte ernsthafte Liebe ist ein Berli-
ner, mit dem sie 23 Jahre unverheiratet, dafür aber »symbiotisch«
zusammenlebt. Auf meine Frage, ob sie aus heutiger Sicht in ihrem
Leben etwas anders gemacht hätte, antwortet sie: »Ja, hätte ich
schon gern. Nicht so früh und schnell geheiratet.« Heute geht es ihr

Französischunterricht im Gemeinschaftsraum von MajunA

»blendend«. Sie ist »immer neugierig«. Mit Glaubensfragen hat sie sich intensiv beschäftigt und daraus ihren »Kraftweg« gefunden. Sie möchte ihr Leben jetzt anders leben, mehr für andere da sein. Ehrenamtlich engagiert sie sich im Tauschring der Diakonie. Seit etwa drei Jahren hat sie eine ägyptische »Leihfamilie«. Das Ehepaar mit drei Kindern, das über die vorläufige Anerkennung als Asylbewerber verfügt, sieht sie einmal pro Woche. Auch das Singen in der Band »Faltenrock« macht ihr viel Spaß.

Bei den Mannheimer jungen Alten[9] engagiert sich Maike Schatz seit 2010, zeitweise als Kassiererin im Vorstand. Sehr beliebt ist ihr Französischunterricht, den sie einmal alle zwei Wochen im Gemeinschaftsraum gibt.

Danach gefragt, gibt sie den jungen Frauen den Rat, »zu versuchen, die eigenen Träume nicht nur zu träumen, sondern sie zu leben, sie zu verwirklichen«.

Am Bahnsteig im Mannheimer Hauptbahnhof

Lucie Krusche

80 Jahre

»Ich bin die totale Sportlerin, schon mein ganzes Leben. Deshalb kann ich auch noch so flott Fahrrad fahren.«

Die Liebe zur Malerei entsteht bei der Beschäftigung mit den Bleistiftzeichnungen der Mutter. Für das Kopieren dieser Porträts erhält die kleine Lucie Anerkennung. Ein Lehrer erkennt ihr Talent und schickt sie zu einem Grafiker, der ihr Techniken vermittelt und sie anleitet, eine Mappe mit eigenen Werken zu erstellen. Mit 13 Jahren verlässt Lucie das Elternhaus und zieht zu den 100 km entfernten Großeltern nach Dresden. An wenigen Stellen wird die im Krieg schwer zerstörte Stadt gerade wieder aufgebaut. Mit ihrer Mappe bewirbt sich die junge Künstlerin und bekommt eine Lehrstelle als Gebrauchswerberin. Überaus interessiert erlernt sie die zu diesem Beruf gehörenden Künste der Plakatmalerei und der Schaufensterdekoration und schließt die Lehre sehr erfolgreich ab. In der Berufsschule hat sie nicht nur Stilkunde, sondern erstmals auch Sportunterricht und kann so auch ihre sportliche Begabung ausleben. Schwimmen, Turnen und Bewegungsakrobatik betreibt sie als Leistungssportlerin.

Wegen einer »falschen« Bemerkung auf der Abschlussveranstaltung macht sie sich bei der Stasi unbeliebt und bekommt deren Macht zu spüren. Notgedrungen geht Lucie zu den Eltern zurück, wo sie eine Stelle als Schaufensterdekorateurin findet. Doch auch dort ist sie Repressalien ausgesetzt; sie flieht 1956 nach Westberlin und landet schließlich in einem Mädchenwohnheim in Tübingen. Ihre Ausbildung wird nicht anerkannt, sodass sie sich als »Hilfsarbeiterin« verdingen muss. Damit unzufrieden folgt sie dem Beispiel einer Bekannten und lernt den Beruf der Kinderkrankenschwester, den sie mit einem hervorragenden Examen abschließt. In der BRD macht die junge Frau, die aus der DDR nur den »heroischen« Realismus kennt, auch Bekanntschaft mit moderner Malerei, die sie fortan begleitet.

»Wenn einer den ganzen Tag um einen rum ist, kommt man ja zu nichts.«

Die Geburt ihres Sohnes erlebt Lucie Krusche als »größtes Glück«. Wenig erfreulich entwickelt sich dagegen die Beziehung zu seinem Erzeuger. Nach der Scheidung gibt sie die, wie sie heute sagt, vielleicht naive Vorstellung nach einem Mann, der zu ihr passt, nicht auf. Aktiv sucht sie den Partner, der ihre kulturellen Interessen, ihre Kreativität und ihre Neugier auf Neues teilt. Die Beziehungen, die sie eingeht, erfüllen ihre Hoffnung jedoch nicht, bremsen die vielseitige, quirlige Frau eher in ihren Aktivitäten: »Wenn einer den ganzen Tag um einen rum ist, kommt man ja zu nichts.«

Malen und Sport als Lebenselixier

Sport und Malerei sind bis heute die wichtigsten Leidenschaften von Lucie Krusche.
Sie lernt viele Sportarten und betreibt sie lebenslang. Bis vor vier Jahren war sie in einer Stepptanzgruppe aktiv.

Beim Radfahren am Rhein

Vor einem ihrer Bilder im Gemeinschaftsraum von MajunA

Eine schwere Krankheit im mittleren Lebensalter verhindert zwar einerseits, dass Lucie Krusche sich ihren Traum, ein Kunststudium zu absolvieren, erfüllen kann. Andererseits beginnt sie nach überstandener Krankheit damit, sich zu Fuß und per Fahrrad die Welt zu erobern, um ihre körperliche Leistungsfähigkeit wiederzuerlangen.
Und aufgehört zu malen hat Lucie Krusche nie. Ihre größte Freude ist ihre Mal-AG in der Uhlandschule. Dort vermittelt die passionierte Malerin und Zeichnerin seit 2016 Kindern aus der Grundschule den Spaß an dieser kreativen Beschäftigung.

Die »Möglichkeit, in einer Gemeinschaft zu leben«, bringt Lucie Krusche zu den Mannheimer jungen Alten[10]. Sie ist Mitgründerin und zieht als eine der Ersten in das »MajunA-Haus« in der Neckarstadt-Ost ein.
Dass ein Teil ihrer Werke dort im gemeinsamen Aufenthaltsraum ausgestellt ist, macht sie glücklich.

Marianne Bossert

86 Jahre

»Ein arbeits- und kinderreiches Leben«

Im hessischen Babenhausen wächst die kleine Marianne behütet in einer Brauerei auf, wo der Vater als Vertriebsleiter arbeitet. Den Krieg erlebt das Mädchen »wie ein Abenteuer«. »Wir haben den Fliegern zugeguckt, die nach Frankfurt geflogen sind.« Nach dem Krieg wird sie mit 15 Jahren aus dem Gymnasium geworfen, mit dem Argument: »Jetzt kommen die jungen Männer – Mädchen brauchen kein Abitur.« Im »Pflichtjahr« in einem landwirtschaftlichen Betrieb lernt sie den Umgang mit Tieren kennen, etepetete war sie noch nie. Die schwere Hungerszeit 1947/48 verbringt sie – vermittelt durch den Chef des Vaters – bei einem Bauern in Mannheim-Wallstadt. Beim Tanzen begegnet ihr der Heinrich und die beiden verlieben sich »auf den ersten Blick«. Der vier Jahre Ältere ist mit Leib und Seele Bauer. Aus Liebe zu ihm und zur Natur besucht sie mit 18 Jahren die Landwirtschaftsschule und wird, statt ihren Traumberuf Apothekerin zu verwirklichen, Bäuerin.

»Ich wollte in der Arbeit nicht ersticken!«

Mit der Schwiegermutter versteht sie sich auf Anhieb, vom Schwiegervater, der ein »strenger, harter« Mann ist, erwirbt sie sich rasch Anerkennung. Richtig »angekommen im Hause Bossert« ist sie aber erst, als sie 1954 den ersten Sohn und damit den »Stammhalter« auf die Welt bringt. Danach kommen weitere vier Kinder im Dreijahresrhythmus. Die junge Frau arbeitet schwer auf dem Feld, im Stall und im Haus. Der Arbeitstag beginnt morgens um fünf und endet nie. Die Tiere wollen genauso versorgt sein wie die Großfamilie und deren Mitarbeiter/innen. Auf dem Feld ist immer was zu tun: Ist die Ernte der einen Frucht abgeschlossen, muss die nächste ausgebracht werden. Doch die junge Bäuerin ist auch ehrgeizig

und innovativ. So bäckt sie nicht nur »besondere Kuchen«, sondern setzt gegen anfängliche Widerstände den Spargelanbau durch und hat Erfolg damit. Bald ist Marianne Bossert sogar für die Finanzen der Familie zuständig.

Trotz all der Arbeit lässt sie sich Freiräume nicht nehmen und pflegt weiter ihre kulturellen Interessen, z. B. Theaterbesuche. Durch ihren Mann, »einen begnadeten Sänger«, kommt sie zum Kirchenchor. Von ihrer Schwiegermutter in den Landfrauenverband[11] Mannheim-Wallstadt eingeführt, wird sie aus dem Stand dessen Vorsitzende und bleibt es 48 Jahre lang. Gesellige Aktivitäten von Festen bis zu Reisen spielen dort genauso eine Rolle wie sportliche Aktivitäten und Bildungsangebote. Sehr wichtig sind der Austausch und die gegenseitige Unterstützung unter Frauen. Auch der landwirtschaftliche Club, in dem sich der Ehemann engagiert, bietet soziale Kontakte und Aktivitäten, auch Reisen. Das erste Mal mit ihrem Mann in Urlaub ist sie freilich erst nach der Silbernen Hochzeit.

Vor der Scheune mit Sissi

Am Gemüsestand im Hof

1988 erleidet Heinrich Bossert einen Herzinfarkt, der jüngste Sohn übernimmt den Hof und stellt um. 1999 stirbt der geliebte Ehemann, ein tiefer Einschnitt für Marianne Bossert. Es wird ruhiger im Haus, aber dank vieler Kontakte und der großen Familie nicht einsam. Der Landfrauenverband ist »Stütze« und Quelle von Bestätigung. Und Marianne Bossert lässt sich selbst von gesundheitlichen Problemen nicht von ihren Aktivitäten abhalten. Bis heute singt sie im Kirchenchor. Mit ihrer jüngeren Schwester gönnt sie sich Kurreisen u. a. nach Marienbad. Einen Teil ihrer Notizen, die sie lebenslang gemacht hat und noch macht, hat sie zu einem Büchlein gebunden. Und sie begleitet sterbende Weggefährten und Weggefährtinnen. Das Verschwinden von vertrauten Menschen belastet sie. »Früher haben wir mit neun Ehepaaren gekegelt, jetzt sind noch vier Frauen übrig.« Dann blättert Marianne Bossert in Fotobüchern und begeistert sich an den schönen Aufnahmen ihrer beruflich und privat rundum erfolgreichen Familie.

Ursula R.

77 Jahre

»Das Glas ist halb voll.«

Ursula R. liebt die Harmonie, aber sie traut sich heute auch mehr als früher, wie sie betont, ihre Meinung zu sagen, wenn ihr etwas wichtig ist. Als Not an der Frau war, hat sie bei den Mannheimer jungen Alten[12] ein Vorstandsamt übernommen. Die Bürokratie nehme dort zu viel Raum ein, aber das Zusammensein mit Menschen sei ihr sehr wichtig und es mache ihr Spaß, zu organisieren. Schließlich hat sie ihr Leben lang im Büro gearbeitet, in jüngeren Jahren in großen Firmen, später als Sekretärin an der Universität. Mit den unterschiedlichen Menschen, die sie dabei kennengelernt hat, ist sie (fast) immer gut ausgekommen.

Ihr Exmann sei ein sehr gut aussehender Mann und guter Vater gewesen. Zwei Söhne sind aus der Verbindung hervorgegangen. Mit »seinem Temperament« sei sie aber nicht immer klargekommen. In der Folge einer schweren psychischen Krise kommt es schließlich zur »einvernehmlichen Scheidung«. In einem jüngeren Kollegen findet sie eine neue Liebe, die viele Jahre trägt.

»Stets offen für Neues«

Das Arbeiten mit den Händen macht ihr genauso viel Freude wie die Beschäftigung mit philosophischen und psychologischen Fragen. Immer wieder besucht Ursula R. Fortbildungen, um sich neue Techniken und Erkenntnisse anzueignen. Eine kleine Kollektion ihrer Werke – von zierlichen Tongefäßen bis in kraftvollen Farben gemalten Bildern – verschönert ihr Zuhause. Sehr intensiv hat sie sich in die buddhistische Lehre eingearbeitet, die sie im Alltag – soweit möglich – zu leben versucht. Überhaupt war und ist sie stets offen für Neues und höchst spontan.

Am Strandbad

Mit dem Gesundheitswesen und vor allem mit der Schulmedizin hat Ursula R. sich kritisch auseinandergesetzt. Nach mehreren schlechten Erfahrungen glaubt sie nicht mehr alles, was Ärzte sagen. So muss sie sich nach einer Grauen-Star-Operation, die ihr wärmstens empfohlen worden war, mit deutlich reduzierter Sehkraft arrangieren, was sie bei mancher Tätigkeit, vor allem beim ihr sehr wichtigen Lesen, einschränkt.

Doch die Lebensfreude lässt sich Ursula R. davon nicht rauben. Sie kümmert sich um ihre Gesundheit. So besucht sie regelmäßig eine Qi-Gong-Gruppe und sorgt für eine gute Ernährung. Sie ist eine begeisterte Köchin, kauft genauso gern die Lebensmittel ein, wie sie sie verarbeitet und isst. Ja, sie macht vieles selbst.

Meine Frage, ob sie aus heutiger Sicht etwas in ihrem Leben anders gemacht hätte, beantwortet sie so: »Als ich jung war, hätte ich manches – auch in damaliger Sicht – gern anders gemacht, wenn die Umstände mich gelassen hätten. Oder sagen wir mal so: weil ich

Handgefertigte Tongefäße im Wohnzimmer

Handgefertigte Nudeln auf der Leine in der Küche

nicht wusste, wer ich bin und welches Potenzial in mir steckt, haben mich die Umstände und Zustände zuerst mehr oder weniger ange-passte Entscheidungen treffen lassen. Später erkannte ich, dass ich neue Entscheidungen treffen kann und dass ich mich glücklich ma-chen darf.

Da ich heute mit meinem Leben zufrieden bin, erübrigt sich die Frage ›was – wenn‹. Alles erscheint mir am richtigen Platz.«

Nein, als alte Schachtel fühlt sie sich nicht. Sie hofft: »Dass immer was in Bewegung und ich selbst offen bleibe für Veränderungen und dass ich Wichtiges stets als solches erkenne.«

Dorothea Offterdinger

72 Jahre

»Wollte, dass mein Leben nicht langweilig wird ...

Schon als Kind spürt sie, dass die Männer in der Familie im Vorteil sind. Die Mutter, eine hervorragende Pianistin, beschränkt sich mit neun Kindern, von denen Dorothea das mittlere ist, auf das Mutterdasein. Der Vater, ein Historiker und aktiver Protestant mit SS-Vergangenheit, ist der unumstrittene Patriarch. »Während unsere Brüder Ritter waren, spielten wir Schwestern die langweilige Rolle der Burgfräulein.« Dennoch ist ihre Kindheit, im sicheren Rahmen des gepflegten Familienlebens mit reichlichen Freiräumen, eine »glückliche«, die vielfältige Chancen bietet. Voller Neugier »auf alles« interessiert sich das Mädchen für Sport genauso wie für künstlerische Arbeiten, liebt Tiere und überhaupt die Natur, hat ein Faible für Sprachen und einen ausgeprägten Gerechtigkeitssinn. Um das Familienstreichquartett, das der Vater aufbauen wollte, zu komplettieren, lernt Dorothea Geige. Dabei spielte der Vater die erste, sie die zweite Geige, der ältere Bruder die Bratsche und der jüngere das Cello. Gemeinsam treten die vier im Haus auf.
Dorotheas Berufswünsche sind Innenarchitektin und Dolmetscherin.

... und ich nie finanziell abhängig werde von einem Mann.«

Als wir uns treffen, ist der zweite Ehemann seit vier Wochen tot. Er war schwer an Demenz erkrankt und auch vorher als Alkoholiker kein einfacher Partner. 30 Jahre waren die beiden ein Paar. Die letzten Jahre waren davon gekennzeichnet, wie er »nach und nach seine Persönlichkeit verlor«.

Ihre »erste große Liebe«, einen fünf Jahre älteren linken Sozialdemokraten, lernt Dorothea mit 17 Jahren kennen. In der 12. Klasse wird sie schwanger und muss während der »Hochschwangerschaft«

in der Schule pausieren. Aufgrund bester Noten und »hervorragender familiärer Verhältnisse« darf sie nach der Geburt die Schule fortsetzen und mit ihrer Klasse Abitur machen. Als junge Mutter fühlt sie sich »unattraktiv« und der Partner entpuppt sich als egozentrischer Despot (»roter Major«). Die beiden leben »voll in den 68ern«. Nach der Geburt des zweiten Sohnes fängt die junge Frau an, mittlerweile von Karlsruhe nach Freiburg gezogen, sich in der Kinderladenbewegung zu engagieren. Darauf aufbauend beginnt sie mit 27 Jahren ein Studium an der Pädagogischen Hochschule und arbeitet schließlich als Grund- und Hauptschullehrerin. Die Ehe wird zu einer »langen Trennungsgeschichte«. 1979 zieht die Familie nach Heidelberg, saniert dort ein altes Haus und Dorothea Offterdinger arbeitet in der Mannheimer Integrierten Gesamtschule (IGMH) als Deutsch- und Musiklehrerin. 1985 schafft sie die Trennung von ihrem

Mit Geige an der Orderstation am Rhein

Selbstgemachte Figuren im Wohnzimmer

Mann und zieht in eine Wohnung in Mannheim. Bald darauf erkrankt sie schwer an Krebs und muss sich einer Gesichtsoperation unterziehen, die den Verlust des rechten Gehörs und eines Teils des Gesichts zur Folge hat. Nach einem Jahr Rehabilitation kehrt sie – unterstützt von Kolleginnen und Kollegen sowie der Schulleitung – an die IGMH zurück. Sie erklärt den Kindern ihre Verletzung und wird verstanden.

In der Wohnung sitzen, stehen und liegen kleine ausdrucksstarke Tonfiguren. Oft zeigen sie Paarsituationen. Beim Kneten verarbeitet die Künstlerin ihre Emotionen und Probleme.
Auch die Musik, das Geige spielen, ist Lebenselixier. Viele Jahre musiziert Dorothea Offterdinger im Stamitzorchester. Heute ist sie Mitglied im Kammerorchester der Abendakademie und im Seniorenorchester der Stadt Mannheim, wo sie die erste Geige spielt. Dort könne sie »frei spielen«, das sei ihr »musikalisches Paradies«.

In ihrem Leben habe sie »furchtbar viel probiert«. »Für das letzte Drittel wünsche ich mir, das, was ich herausgefunden habe, zu leben.«

Christa Krieger

73 Jahre

»Der Fröhlichen gehört die Welt ...«

Du bist bei der Mannheimer Freilichtbühne[13] als Schauspielerin und Regisseurin aktiv, warst viele Jahre deren Vorsitzende und bist heute Ehrenvorsitzende. Gleichzeitig übst du die Funktion einer Kirchenältesten in der ChristusFriedenGemeinde aus. Von außen betrachtet wirkt das wie zwei gegensätzliche Hälften, die schauspielernde, eher lustige und die ernstere. Wie passen sie zusammen?

Na ja, schon meine Herkunft ist dubios. Meine Mutter ist in einem sehr christlichen Haus groß geworden. Meine ältere Schwester kam unehelich auf die Welt und wer mein leiblicher Vater war, wusste ich lange nicht. Der zweite Mann meiner Mutter hat mich adoptiert. Er war ein sehr strenger Mann, der uns Schwestern nicht nur niedergemacht, sondern auch sexuell »bearbeitet« hat. Erst mit 21 Jahren bin ich etwas freier geworden.

Wusste deine Mutter von den Übergriffen?

Meine Mutter war immer auf der Suche nach dem Glück. Aber sie arbeitete auch den ganzen Tag und war froh, dass die Kinder versorgt waren. Über solche Dinge wurde nicht gesprochen. Als junge Erwachsene konfrontierte ich meinen Adoptivvater mit meinen Vorwürfen. Er stritt alles ab, aber meine Mutter stellte sich auf meine Seite und trennte sich von ihm.

Kinder, die Gewalt im Elternhaus erleben, suchen sich oft außerhalb Orte oder Personen, die ihnen Schutz und Trost bieten. Wohin bist du geflüchtet?

Zu meiner leider früh verstorbenen Oma und zu einer Nachbarin, die mich getröstet haben. Und ich hatte eine tolle Zeit in der kirchlichen Jugend.

Auf der Bühne des Zimmertheaters
in Mannheim-Gartenstadt

Du bist als Kind auch schon zur Freilichtbühne gekommen?

Tatsächlich war die Freilichtbühne fast ein Familienbetrieb von uns. Meine Mutter war dort sehr aktiv und wir verbrachten da als Familie unsere Freizeit. Trotz aller Probleme war es ja auch schön, etwas gemeinsam zu machen.

Hast du das Schauspielen gelernt?

Ich bin da so reingewachsen. Als ich Kind war, hieß es »Christa, sag mal ein Gedicht auf«, »Christa, sing mal was«. Und wenn ich das gut gemacht habe, gab es Anerkennung. Da war ich wer.

Was spielst du lieber, ernste oder heitere Rollen?

Ich gelte als »Fröhlichmacherin«. Wenn ich auf die Bühne komme, denken die Leute, jetzt wird's heiter und wundern sich, welche Qualitäten ich in der ernsten Rolle habe. Ich mag keinen Klamauk. Ich möchte den Menschen etwas Erheiterndes mitgeben, es muss aber Niveau haben.

Beruflich hast du dich vor allem mit den Schattenseiten des Mensch-seins beschäftigt. Wie kam es dazu?

Nachdem ich das Gymnasium abgebrochen habe, bin ich auf die Frauenfachschule und hätte Hauswirtschafterin werden können. Aber meine Mutter, die immer wollte, dass ich Kindergärtnerin werde, hat alles daran gesetzt, dass ich aufs Fröbelseminar konnte. So wurde ich Erzieherin und half unter anderem mit, eine Kinderstube in den Benz-Baracken aufzubauen. 1969 heirateten mein Mann und ich und zogen 1970 in die Nähe von Hanau. Dort erhielt ich eine Stelle in der Obdach-losenarbeit und konnte dann in Frankfurt Sozialpädagogik studieren. 1975 bekam ich unseren Sohn Uli, wir zogen wieder nach Mannheim und ich pausierte ein paar Jahre beruflich, bis ich als Sozialpädago-gin beim Arbeitskreis Strafvollzug einstieg, also mit Haftentlassenen arbeitete. Vermutlich hat mein eigener Hintergrund mich so geprägt, dass ich weniger Berührungsängste im Umgang mit gesellschaftlichen

Außenseitern hatte. Ab 1989 war ich Referentin für Familienbildung bei der Frauenarbeit der Evangelischen Landeskirche in der Pfalz. Das war eine wahnsinnstolle Zeit! Zwei Weiber und eine Frauenpowerchefin. Wir haben so toll Frauen bewegt, von vor der Wiege bis zur Bahre und einen Hilfsfonds für finanziell in Not geratene Frauen gegründet, den es heute noch gibt. Nachdem unser Dienstsitz aber von Neustadt nach Kaiserslautern verlegt wurde und ich allein zuständig war für die Familienbildung in der Pfalz und täglich viele hundert Kilometer in der Gegend rumfahren musste, wurde es strapaziös.

Die evangelische Kirche hat in deinem Leben beruflich und privat eine große Rolle gespielt?

Ja. Ich bin seit meiner Kindheit in der Kirche ehrenamtlich aktiv und habe hauptamtlich in kirchlichen Betrieben gearbeitet. 1981 habe ich für den Kirchenältestenrat der Christuskirche kandidiert und wurde gewählt. Dann habe ich allerdings aufgrund von Differenzen mit dem »Bodenpersonal«, also mit dem damaligen Pfarrer, pausiert. Inzwischen bin ich wieder Kirchenälteste in der ChristusFriedenGemeinde und als solche für den Festausschuss zuständig.

Dein Terminkalender ist voll, du kennst zahlreiche Menschen und bist vielfältig aktiv. Was ist in deinem jetzigen Leben das Wichtigste?

Alles ist wichtig, aber am wichtigsten sind mein Mann, der mir oft den Rücken frei hält, und die junge Familie mit den Enkelkindern. Sie setzen übrigens – wie mein Sohn als Kind auch – die Familientradition fort und sind auch schon in der Freilichtbühne engagiert.

Hast du einen Wunsch für dich persönlich?

Ich würde so gern noch erleben, wie meine drei Enkelkinder ihren Weg gehen, und selbst meine Kraft noch eine Weile zur Verfügung stellen. Es ist schön, so viele Sachen machen zu können, ohne damit sein Geld verdienen zu müssen.

Katharina Wernz

71 Jahre

»Das schaffst du schon.«

In der elterlichen Gärtnerei wächst Katharina Wernz mit Pflanzen und deren Vermarktung auf. Als »Vatertochter« wird dem aufgeweckten Mädchen viel zugetraut und abverlangt. Doch auch ihr setzt das Stereotyp »die heiratet ja doch« Grenzen. So muss sie sich mit der Volksschule begnügen und darf ihren Wunschberuf Modezeichnerin nicht erlernen. Die Eltern vermitteln ihr, »ohne Diskussionen«, eine Lehre als Groß- und Außenhandelskauffrau bei einem großen Konzern. Nach dem erfolgreichen Abschluss werden die männlichen Lehrlinge »wie nach einem ungeschriebenen Gesetz« Sachbearbeiter oder Prokuristen, während den weiblichen das Sekretariat vorbehalten ist. Die junge Frau nimmt die Rolle der weiblichen Dienenden an und perfektioniert sie in einer Sekretärinnenschule. »Die Chefs haben meinen Vater repräsentiert, ihnen wollte ich gefallen wie als Kind meinem Vater.«
Relativ spät heiratet sie einen Jugendfreund und schenkt zwei Kindern das Leben. Während der Junge sich altersgemäß entwickelt, zeigt sich bei der Tochter eine Entwicklungsverzögerung. Die Ehe scheitert und die junge Mutter nimmt die Herausforderungen der Alleinerziehenden an. Als Personaldisponentin lernt sie die »gläserne Decke« im Beruf kennen, wo Kollegen ihr die hohen Umsatzzahlen neiden. Privat erfährt sie Diskriminierungen wegen des Handicaps der Tochter; dieser ein schönes und sicheres Dasein zu verschaffen, nimmt sie als Lebensaufgabe an. »Man führt ein anderes Leben und wird von der Gesellschaft anders behandelt. Es ist ein bisschen wie Rassismus.«
Als Katharina Wernz 2008 an Krebs erkrankt, erfährt sie keine Hilfe aus dem Umfeld. »Die haben wohl gedacht, das schaffst du schon.«

Im Luisenpark im selbst entworfenen und selbst genähten Blazer – an ihrem Lieblingsbaum und unterwegs stets erreichbar

»Ich korrigiere und justiere nach.«

Sie fühlt sich nicht so alt, wie sie von außen wahrgenommen werde. Sie vermisst die Wertschätzung und erlebt Altersdiskriminierung, »weil ich keine Barbiepuppe mehr bin«. Die Ungeduld wächst, die Toleranz gegenüber Leuten, die ihr die Zeit stehlen, sinkt. »Vielleicht weil meine Restlaufzeit kürzer wird.« Aber sie schätzt den gewachsenen Gestaltungsspielraum, entwickelt Ideen und Projekte. Seit drei Jahren gründet sie Stammtische, um aus der Isolation herauszukommen und neue, interessante Leute kennenzulernen. »Im Beruf hatte ich das täglich.« Nach der Berentung als Projektassistentin arbeitet Katharina Wernz bis zum siebzigsten Geburtstag tageweise als Bewerbercoach.

Heute verfolgt sie als Vermieterin beharrlich die Vision eines Mehrgenerationenhauses und als Mutter das langfristige Absichern und Loslassen der Tochter. Von Verletzungen und Enttäuschungen lässt sie sich nicht unterkriegen. Sie nimmt sie als Erfahrungen und zieht daraus Erkenntnisse, um die Ideen zu verändern. Manchmal fühle sie sich wie eine Schachspielerin, die ihre Strategie aufbaut und auf den

Gegner reagiert. Ihr Credo ist es, stets »lösungsorientiert statt problemorientiert« vorzugehen, sie korrigiere und justiere nach.

Auf meine Frage, ob sie aus heutiger Sicht etwas anders gemacht hätte in ihrem Leben, antwortet sie spontan: »Auf jeden Fall hätte ich den Wolfgang Wernz nicht geheiratet.« Und sie bedauert, dass es damals noch nicht so üblich war, ohne Trauschein zusammenzuleben. Jungen Frauen rät sie daher auch, sich beruflich und wirtschaftlich unabhängig zu machen und sich im Klaren zu sein, dass eine Beziehung oder Ehe und der Kinderwunsch das Leben einer Frau und Mutter radikal beeinflussen werden. »Mit dem Begriff ›Rabenmutter‹ wird eine Mutter, wenn sie berufstätig ist, heute immer noch offen oder verdeckt konfrontiert, übrigens ein Begriff, den es so nur in Deutschland gibt.«

Für sich persönlich wünscht Katharina Wernz sich weiterhin »viel Gestaltungskraft für den Spätherbst« ihres Lebens sowie »interessante und beglückende Begegnungen«.

Marga Bürkle

88 Jahre

»Immer startbereit«

Als eine der wenigen Mädchen ihrer Generation erhält die kleine Marga die Chance, wie der zwei Jahre ältere Bruder auf das Gymnasium zu gehen. Die Eltern, der Vater selbstständiger Ingenieur, die Mutter Fernmeldetechnikerin bei der BASF, legen Wert auf die Bildung ihrer Kinder. Marga Bürkle ist als 1930 Geborene aber auch »Kriegskind« und verbringt die schlimmste Kriegszeit zwar im Schutz des Schwarzwalds, jedoch ohne die Eltern.

Ihren späteren Ehemann lernt sie als 17-Jährige in der Tanzschule kennen. Er vertritt die Meinung: »Du brauchst doch kein Abitur, lerne ›Soll und Haben‹.« Der Vater bläst ins gleiche Horn, sodass Marga nach der mittleren Reife das Gymnasium verlässt und sich ein Jahr in einer kaufmännischen Schule fortbildet, um danach im Büro des Vaters »Soll und Haben« zu machen. Mit knapp 20 Jahren wird sie schwanger, vom Verlobten »weggeheiratet« und in seine Unternehmersfamilie verpflanzt, in der ihre Schwiegermutter, die »Oma Chefin«, sie rasch in die Verantwortung für den Betrieb einbindet.

Gemeinsam mit ihrem Mann entwickelt die junge Frau, die parallel auch zwei Kindern das Leben schenkt, die Holz verarbeitende Firma weiter. Die Holzlieferanten sind auf der ganzen Welt verteilt, so führen die Geschäftsreisen unter anderem nach Schweden, Kanada und Singapur. In Malaysia errichtet die Frankenthaler Firma schließlich ein eigenes Holzwerk. Ihr Mann ist zwar »der Chef«, Marga Bürkle obliegen aber wichtige organisatorische Aufgaben, vor allem die Betreuung des Personals und der Kunden. Bis heute halten sich einige persönliche Kontakte aus dieser Zeit.

Während der Sohn in die Rolle des späteren Firmenchefs hineinwächst, sucht die Tochter ihre berufliche Erfüllung in Frankreich, findet nicht nur diese, sondern auch ihr persönliches Glück dort und bleibt.

»Mit Engagement überbrücken ...«

Die schwerste Zeit ihres Lebens ist die lange Krankheit des Ehe-
mannes, der vor 22 Jahren »elend« stirbt. Nach seinem Tod kehrt
Marga Bürkle ins Elternhaus nach Mannheim-Neuostheim zurück und
überbrückt die Trauer, indem sie sich in Renovierungsarbeiten stürzt.
Die attraktive Witwe hätte rasch einen neuen Partner finden können,
»aber«, so sagt sie, »die Männer dieser Generation wollen von einer
Frau versorgt werden, diese Rolle wollte ich nicht mehr«.

Sie hat sich stets für vieles interessiert, Politik, Theater, Umwelt ...
Heute sieht sie manche negative Entwicklungen, die sie bedauert.
»Früher hat man sich auf der Straße getroffen, heute steigt jeder ins
Auto und fährt weg«.

Auf dem Flugplatz
Mannheim-Neuostheim

In der Cafeteria des ThomasCarrees in Mannheim-Neuostheim

Ihren kürzlichen Umzug in eine Wohnung im frisch eröffneten ThomasCarree[14] begründet sie so: »Ich fühle mich hier sicher, geborgen und habe keine Verantwortung.« Sie interessiert sich für die Menschen, die hier wohnen, »manche sind gesprächig und man tauscht sich aus, manche grüßen nicht mal«, aber auch für die Menschen, die hier arbeiten und deren Hintergründe. So kommt z. B. die junge Frau, die uns die heiße Schokolade serviert, aus Marokko, eine andere Servicekraft aus dem Iran. »Was würden sie hier im Haus machen, wenn sie die Menschen aus anderen Ländern nicht hätten?«

Heute konzentriert sie sich auf das eigene Wohlbefinden. Sie achtet darauf, gesund zu essen und wünscht sich, »das hier« noch ein paar Jahre genießen zu können.
Ein Viertel des Jahres verbringt sie bei der Tochter in Cannes. Das ist ihre größte Freude.

Gisela Kerntke

71 Jahre

»Zu einem respektvollen Zusammenleben in einer vielfältigen Gesellschaft beitragen ...«

In der Nähe von Hamburg geboren, verschlägt ein Stellenwechsel des Vaters (Arzt in einer Lungenheilanstalt) das kleine Mädchen in den Schwarzwald, wo es die Grundschulzeit verbringt. Die Mutter – nach abgebrochenem Studium »doppelt überzeugte Hausfrau« – hat die »Familie fest im Griff« und bevormundet die Kinder »geistig«. Nach dem Abitur in Stuttgart genießt Gisela Kerntke als Au-pair das liebevolle Leben in einer »tollen« französischen Familie und beginnt, sich brieflich mit den eigenen Eltern auseinanderzusetzen. Danach geht sie den von der Mutter vorgezeichneten Weg der Bibliothekarin. Bei einem Praktikum in Mannheim wird sie von Soziologiestudentinnen und -studenten mit »emanzipatorischen Gedanken« angesteckt. Sie schließt das Studium des Bibliothekswesens in Stuttgart ab und studiert dann gegen den Willen der Eltern Politik in Tübingen, wo sie sich parallel als Bibliothekarin das für die Unabhängigkeit nötige Geld verdient. Als ÖTV-Vorsitzende der Universität schafft sie »den Spagat zwischen Angestellten und Studierenden«. Sie erhält Anerkennung und erarbeitet sich Selbstvertrauen. Die junge Frau engagiert sich zunehmend in der Friedensbewegung und wird Jahre später wegen Teilnahme an der Blockade in Mutlangen zu 20 Tagessätzen verurteilt.

»Es war mir zu eng.«

Nach ihrer Magisterprüfung kann sich Gisela Kerntke die Stellen aussuchen. Sie entscheidet sich für die städtische Bibliothekszweigstelle in Mannheim-Schönau, wird bald deren Leiterin. In der Ge-

Im selbst gestalteten Garten

werkschaft engagiert sie sich weiter und ist 16 Jahre lang Personal-
ratsvorsitzende der Stadtbücherei. Auch ihr Interesse an fremden
Kulturen – insbesondere den orientalischen – wächst. Privat begleitet und fördert sie den Lebensweg ihrer »Fasttochter« aus einer tür-
kischen Familie.

Nachdem die ehemalige Gendarmeriekaserne auf der Schönau von
der US-Army freigegeben wird, werden 1992 Flüchtlinge einquar-
tiert. Es kommt zu Konflikten. Gisela Kerntke vermittelt, dolmetscht,
schafft Lehrbücher an und gibt den Fremden Tipps. Sie möchte dazu
beitragen, dass die Menschen sich zurechtfinden und wohlfühlen und
zwar in einem »gegenseitigen Prozess auf Augenhöhe«. Unaufgeregt
und zugewandt gelingt es ihr, Verbindungen zu Menschen unter-
schiedlicher Herkunft zu knüpfen, aus denen sich mitunter Beziehungen entwickeln, die z. T. bis heute bestehen.

1994 wechselt sie als stellvertretende Leiterin in die Stadtbibliothek.
Immer schon fasziniert die Bücherfrau Literatur und »das Schöne in
der Kunst«. Im Verein KulturQuer QuerKultur[15], den sie vor 20 Jahren mitgründet und dessen Vorsitzende sie heute ist, kann sie ihre
Interessen in idealer Weise verbinden. Der Verein veranstaltet eine
literarische Reihe mit mehrsprachigen Autorinnen und Autoren, alle

Im Wohnzimmer

zwei Jahre das Kulturfest KultTour in der Neckarstadt-Ost und dazwischen das KulturQuer Festival. Auch in der 2010 gegründeten Initiative »Save me[16]«, deren beharrliches Wirken beachtliche Erfolge zeigt, ist Gisela Kerntke aktiv. Ferner wirkt sie im Vorstand des Mannheimer Instituts für Integration und interreligiösen Dialog e. V. mit, sowie im Vorstand des Förderkreises der Stadtbibliothek Mannheim und in weiteren Kulturvereinen in der Region.

Im Privatleben genießt Gisela Kerntke ihre schöne Wohnung mit den vielen Büchern, die Arbeit in ihrem Garten, Yoga, Radfahren, Wandern, Reisen, das Singen im Kirchenchor und das Zusammensein mit ihrem »ganz lieben Mann«.

Inge Welcker

78 Jahre

»Immer aktiv«

Für die Tochter eines »autoritär-tyrannischen« Vaters, der im Krieg Leutnant und später Leiter einer Polizeiwache ist, sind Freiräume Mangelware. »Man durfte nichts« und der Ton zu Hause war »schlimm« gewesen. Auch ihre Mutter hat sehr darunter gelitten. Vielleicht ist dies ein Grund dafür, dass die kleine Inge sich früh und leidenschaftlich sportlicher Betätigung widmet, die außerhalb der väterlichen Kontrolle stattfindet. Sie schwimmt schon immer gern und betreibt intensiv Leichtathletik. Beim Hochsprung zieht sie sich mit zehn Jahren eine Knieverletzung zu, die lebenslang Nachwirkungen hat. Vom Tanzen lässt sie sich davon allerdings nicht abhalten. Auch in der Schule ist sie erfolgreich, besucht die Sprachklasse in der U-Schule und später die höhere Handelsschule. Mit 16 Jahren beginnt sie die berufliche Laufbahn als ungelernte »Anfängerin« bei der Allianz. Dass sie keine ordentliche Ausbildung macht, bereut sie später, nachdem sie die damit verbundenen Nachteile erfahren hat. So würde sie auch jeder jungen Frau empfehlen, unbedingt für eine solide »Grundausbildung« zu sorgen und dabei »Standhaftigkeit« zu beweisen.

»Als ich geheiratet habe, habe ich ein neues Leben angefangen.«

Die leidenschaftliche Tänzerin lernt ihren Mann, der »tanzt wie ein junger Gott« und selbst in einer Combo Musik macht, mit 18 Jahren kennen. Mit der Heirat befreit sich die junge Frau vom väterlichen Regime und nimmt ihr Leben in die eigene Hand. 1964 kommt die erste Tochter auf die Welt, 1968 die zweite und Inge Welcker un-

terbricht ihre Karriere in der Versicherungswirtschaft für 14 Jahre. Danach fällt es ihr nicht schwer, wieder einzusteigen, ihre Kompetenzen sind gefragt. Allerdings hat sie beruflich einige Jahre »eine Pechsträhne« und ist froh, mit 50 Jahren eine Festanstellung bei einer Immobilienmaklerin zu finden.

Trotz einiger gesundheitlicher Einschränkungen ist Inge Welcker auch heute noch leidenschaftliche Schwimmerin. Ein Schwimmbad »vor der Tür zu haben«, ist obligatorisch. Sobald es seine Pforten geöffnet hat, zieht sie täglich im Herzogenriedbad ihre Bahnen, wobei sie die mit vier Monaten im Jahr sehr kurze Badezeit bedauert. Seit fünf Jahren ist die Sportlerin auch aktive Boulespielerin im DJK-Sportverband Mannheim, wo sie bereits zweimal Turniermeisterin geworden ist. Ehrenamtlich betätigt sie sich in einer kirchlichen Kleiderkammer. Das gesellige Zusammensein mit anderen Menschen ist der vielseitig

Im Arbeitszimmer

Aktiven überaus wichtig. Genauso genießt sie die gemeinsamen Aktivitäten wie tägliche Spaziergänge und regelmäßige Wanderungen mit ihrem Mann und die Reisen mit der ganzen Familie.

Außer dem Sport zieht sich eine weitere Leidenschaft durch Inge Welckers Leben. Als Kind sei sie ein »Handarbeitswunder« gewesen, habe alles gern gemacht, gehäkelt, gestrickt, gestickt, genäht. Als Erwachsene perfektioniert sie ihre Fertigkeiten im Nähen in Kursen, schneidert zeitweise die komplette Garderobe selbst. Auch wenn sich das Nähen heute kaum noch lohne, ist es – in dem kleinen selbst gestalteten Arbeitszimmer – erfüllendes Hobby.

Angela Hidding

71 Jahre

»Leben für soziale Gerechtigkeit«

Aufgewachsen ist Angela Hidding im Ruhrgebiet auf dem elterlichen Bauernhof in katholisch-konservativem Milieu. Während ihrer Ausbildung als Einzelhandelskauffrau im Textilbereich – es ist die Zeit der 68er – wird sie politisiert. Sie beginnt, die eigene Situation in die Hand zu nehmen und sich in der christlichen Arbeiterjugend »für die Würde des Arbeiters und der Arbeiterin« einzusetzen und erfährt Bestätigung. »Du bist wer, du kannst was.« Nach Abschluss der Ausbildung ist sie als Verkäuferin und dann als für den Jugendbereich freigestellte Arbeitnehmervertreterin tätig, mit dem Ziel, »das Selbstbewusstsein der Arbeitenden zu stärken«. Sie absolviert eine einjährige Funktionärsausbildung bei der ÖTV und spürt danach den Wunsch, »das Schicksal der Arbeitenden zu teilen«. Inspiriert von der Befreiungstheologie zieht Angela Hidding mit Gleichgesinnten von Dortmund nach Mannheim. An welchem Ort sei egal, aber wichtig sei allen gewesen, den Versuch zu machen, diese Ideen in einer Gruppe zu realisieren.

»Die Industrie hat mich angezogen.«

Zunächst arbeitet sie in einer Strumpffabrik, dann 28 Jahre bei Benz, einige Jahre als angelernte Näherin, dann als freigestellte Betriebsrätin, bis sie 2006 in Rente geht. Stets sind ihr die Basisarbeit, die sozialen Begegnungen wichtig, nicht die Funktion. Die internationale Solidaritätsarbeit mit Schwerpunkt Lateinamerika ist ihr ein Herzensanliegen. In der IG Metall setzt sie sich für eine Angleichung der Arbeitsbedingungen »nach oben« ein. Der regelmäßige Austausch mit brasilianischen Kolleginnen und Kollegen beginnt 1984. »Im Zentrum stehen dabei die Begegnung, die gegenseitige Information und Unterstützung.«

Konsequent engagiert sich die Gewerkschafterin auch im »Eine-Welt-Forum«. Aktuell steht dort das öffentliche Beschaffungswesen im Blickpunkt. Hierbei sieht Angela Hidding erheblichen Handlungsbedarf, hat doch beispielsweise die Stadt Mannheim die Möglichkeit, mehr als bisher auf die Arbeitsbedingungen in den Ländern zu achten, aus denen sie Produkte bezieht. Die in der Fußgängerzone frisch verlegten Natursteine würfen z. B. diesbezüglich Fragen auf.

»Das Engagement tut mir gut.«

Bei ihrer Arbeit im Arbeitskreis Senioren der IG Metall ist die Stärkung der gesetzlichen Rente ein zentrales Thema. »Die Rente muss zum Leben reichen!«
Das Engagement tut ihr gut, sie erhält Anerkennung und hat gute soziale Kontakte. »Aus jeder Phase ihres Lebens« bestehen »Querverbindungen«, so hat sie auch Freunde in Peru, die sie als »angenehme« und »spontanere Menschen« sehr schätzt. 2014 war sie zuletzt in Brasilien gewesen.

Informationsstände beim Internationalen Suppenfest
in der Begegnungsstätte Westliche Unterstadt

Im Wohnzimmer vor der Dokumentation von Solidaritätsaktionen

Offiziell wird Angela Hiddings Einsatz für soziale Gerechtigkeit 2012 belohnt. Sie erhält die höchste Auszeichnung des Deutschen Gewerkschaftsbundes, die Hans-Böckler-Medaille.

Die Frage, was sie jungen Frauen raten würde, beantwortet sie so: »Ich wünsche und hoffe, dass sie eine berufliche Tätigkeit bekommen, die ihnen Freude macht, nicht prekär ist, gut bezahlt wird und dass die Arbeitszeit nach ihren Wünschen möglich ist und dass sie die Chance von gesellschaftlichem Engagement nutzen und dabei die Erfahrung machen, mit vielen Freundinnen und Freunden die Gesellschaft nach ihren Vorstellungen mitgestalten zu können. Und sie sollten sich bewusst werden, dass das Leben immer stärker von globalen Zusammenhängen geprägt wird und auch unser Alltag durch Konsum und den eigenen Lebensstil Einfluss auf das Klima hat und internationale Kontakte persönlich bereichernd sind.«

Für sich persönlich wünscht sich Angela Hidding, gesund zu bleiben und mit ihrem zwölf Jahre älteren Lebenspartner, der seit 40 Jahren an ihrer Seite ist, noch viele Aktivitäten gemeinsam durchführen zu können.

Claire Geist

84 Jahre

»Ich bin ein Fischkopp ...«

Als die Lübeckerin im Alter von 18 Jahren mit den Eltern nach Mannheim ziehen muss, bricht eine Welt für sie zusammen; sie verliert nicht nur ihr soziales Umfeld, sondern auch ihr Hobby, das Segeln. Ihren Wunschberuf Apothekerin vereitelt der Vater, ein Gastronom mit eigenem Geschäft. Stattdessen »darf« sie trotz gymnasialer Bildung unter der Woche im Waschsalon der Mutter helfen und am Wochenende die Gaststätte des Vaters putzen. Dass für ihre Arbeit kein Pfennig in die Rentenkasse eingezahlt wurde, spürt Claire Geist heute im Portemonnaie.

Statt zu segeln, lernt sie Skifahren und dabei ihren späteren Mann kennen. Er sei ein »guter Mann« gewesen, allerdings die meiste Zeit auf Montage, sodass sie die beiden Söhne allein großzieht und sich nach 20 Jahren scheiden lässt. Schon vorher macht sie heimlich den Führerschein und sucht sich einen Job in einem Sportgeschäft. Um finanziell nicht vom Exmann abhängig zu sein, nimmt sie parallel die Objektleitung einer Reinigungsfirma an, eine Tätigkeit, die sie 25 Jahre als Zweitjob in den Abendstunden ausübt. Im Hauptberuf wechselt sie vom Sportartikelverkauf in den Einkauf, zunächst ins Klinikum, später ins Jugendamt. Überall ist sie eine anerkannte Mitarbeiterin.

Trotz hoher beruflicher Beanspruchung nimmt sie Sascha bei sich auf, der seine Besitzerin durch Wald und Flur treibt. So kommt Claire Geist nicht nur auf den Hund, sondern auch zum Wandern.

»Ich habe gelernt, mich durchzusetzen.«

Seit zehn Jahren arbeitet sie im Seniorenrat Mannheim[17] mit, aktuell liegt ihr Schwerpunkt dort in der Beratung über die Patientenverfügung. Parallel leitet sie den Verein aktive Senioren[18], der einen

Altentreff in der Schwetzingerstadt organisiert. Als die Stadt, der die Räume in der Kopernikusstraße gehören, 2013 – als die Einrichtung gerade ihren 20. Geburtstag feiert – die Kündigung ausspricht, kämpft Claire Geist mit anderen zusammen und gewinnt. Sie sei nie zimperlich gewesen und habe gelernt, zu kämpfen und sich durchzusetzen. Auch als sie vor zwei Jahren nach einer Fischvergiftung »mit einem Fuß im Jenseits« steht und monatelang krank und körperlich behindert ist, kämpft sie sich ins Leben und in die Unabhängigkeit zurück.

Die Energie, die sie dabei aufwendet, dürfte mit ein Resultat ihrer sportlichen Aktivitäten sein, die sie lebenslang ausübt (Segeln, Ski-

Beim Walking
am Rhein
(Stephanienufer)

Im Beratungsraum beim Seniorenrat in N1

fahren, Langlauf, Tennis, Wandern ...). Heute geht sie regelmäßig walken und schwimmen.

Außerdem gesteht sie, dass sie »sudokusüchtig« ist. »Da kann ich abschalten und sammle Kraft.«

Die Verbindung zu Lübeck hat sie stets über eine Schulfreundin aus der Kindheit gehalten, die leider vor zwei Jahren gestorben ist. Das Meer fehlt ihr heute noch.

Im Rückblick stellt Claire Geist fest: »Es war damals eine andere Zeit. Wenn der Vater sagte, du gehst jetzt von der Schule und lernst was Gescheites, so wurde es ausgeführt. Heute weiß die Jugend, was sie will, und kann sich ganz anders durchsetzen. Man weiß, was man später mal arbeiten möchte, schon in der Schule wird man darauf vorbereitet. Der Jugend, die heute im Überfluss aufwächst, wünsche ich, dass die Zeiten sich nicht ändern und sie ihren Ideen großen Raum geben.«

Karin David

70 Jahre

»Ich will frei sein.«

Die Eltern – beide überzeugte Sozialdemokraten – flüchten vor den SED-Repressalien in die BRD und die kleine Karin, gerade mal sechs Monate alt, bleibt in der liebevollen Obhut der Großeltern auf deren Bauernhof in der Nähe von Weimar. Mit vier Jahren wird sie von einer Bekannten der Familie nach Frankfurt am Main geschleust und lernt ihre Eltern kennen. Die Großstadt erlebt sie als ausgesprochen negativ. Die Eltern arbeiten den ganzen Tag, der Vater ist Lehrer, die Mutter Sekretärin, das Kind sitzt morgens allein vor dem Kindergarten, bis die Putzfrau es reinlässt.

Das familiäre Klima ist rau, der Herrschaft des strengen Vaters versucht Tochter Karin sich zu widersetzen. Auch im Gymnasium, wo sie sich ungerecht behandelt sieht, lässt sie sich nichts gefallen. So muss die »Renitente« die neunte und zehnte Klasse im Internat verbringen, das sie, trotz strenger Regeln, als »die Befreiung schlechthin« erlebt.

Aufgehoben fühlt sie sich im Turnverein, in den sie im sechsten Lebensjahr eintritt. Talentiert und bereit, über die eigenen Belastungsgrenzen zu gehen, bringt sie es als Geräteturnerin zu Höchstleistungen, als Eiskunstläuferin trainiert sie »neben Kilius-Bäumler« und wird als Jugendliche Zweite bei den deutschen Nachwuchsmeisterschaften.

1967 tritt der Vater die Stelle eines Bürgermeisters in Mannheim an und die Familie zieht um. Die 18-jährige Karin fährt bis zum Abitur ein Jahr lang täglich zur Schule nach Frankfurt. Heimlich macht sie den Führerschein.

Danach studiert sie in Heidelberg und verwirklicht ihren Berufswunsch Realschullehrerin. Sie unterrichtet Sport und Englisch, zehn

Jahre in Osterburken, dann an der Integrierten Gesamtschule in Mannheim. Im Rahmen des Sportunterrichts »verschreibt« sie sich dem Tanz und choreografiert 25 Jahre lang äußerst erfolgreich Schülergruppen im Jazztanz.

Auch ihre zweite Leidenschaft, das Reisen, betreibt sie exzessiv. Schon als Jugendliche bei den Familienurlauben mit dem Zelt in Spanien ist sie von der Lebensfreude der Menschen fasziniert und lernt leicht deren Sprache. »Die Deutschen sind miesepetrig, im Ausland wird gelacht, obwohl die Menschen viel ärmer sind.« Als Lehrerin nutzt sie die Ferien, um die Welt kennenzulernen. Dabei reizt es sie nicht, »Sehenswürdigkeiten abzuarbeiten«, ihr Interesse gilt den »Gesellschaften«. Neugierig und sprachlich versiert knüpft sie mühelos Kontakte. Seit 50 Jahren ist sie mit dem Wohnmobil unterwegs, zunächst mit ihrem Lebensgefährten, seit 25 Jahren wohl allein am Steuer, aber in Gesellschaft mit anderen Wohnmobilfans.

Im Hörsaal der Schlossuniversität

»Nicht einrosten« ... »neue Denkanstöße kriegen«

Heute wünscht sich Karin David eine »nette Gemeinschaft« und vor allem, »nicht einzurosten« und immer wieder »neue Denkanstöße« zu kriegen. Deshalb besucht sie mehrfach in der Woche Vorlesungen an der Mannheimer Universität. Ihr Interesse gilt ebenso der Volkswirtschaftslehre wie Politik und Kunst. Im Lauf der Jahre hat sich daraus auch ein Freundeskreis gebildet. Ihren sportlichen Ehrgeiz lebte Karin David bis zu einer Knieoperation vor zwei Jahren noch beim Volleyball, Skifahren und Eiskunstlauf aus. Heute bleibt ihr nur das »langweilige« Fahrradfahren. Im Winter entflieht sie dem deutschen »Grau in Grau« und ihren damit verbundenen »Kreislaufproblemen« per Wohnmobil in den Süden. Das Fahren erfordert ständige Aufmerksamkeit und ist somit ein durchaus wirksames Training, aber dank langjähriger Routine nicht sonderlich anstrengend.
»Am Meer oder in den Bergen fühle ich mich pudelwohl, vor allem in freier Natur.«

Inge Müller

80 Jahre

»Nie hängen lassen«

Kraftvoll, ja dynamisch kommt mir Inge Müller entgegen, die seit einem leichten Schlaganfall im Herbst letzten Jahres einen Rollator besitzt. Den benutze sie nur bei längeren Strecken und um etwas zu transportieren. Sie, die Frau, die lebenslang anderen geholfen hat und auch jetzt noch rund um die Uhr ihren Mann versorgt, legt Wert darauf, selbst nicht auf Hilfe angewiesen zu sein.

1939 – »mitten in Mannheim« – geboren, ist ihre Kindheit und Jugend alles andere als ein Zuckerschlecken. Der Vater fällt im Krieg, die Mutter nimmt sie als eine von vier Kindern als Helferin in die Pflicht. Gegenüber den Geschwistern muss sie »immer zurückstecken« und kriegt »nie Recht«, der fünf Jahre jüngere Bruder ist der Liebling der Mutter. Nach der Volksschule wünscht sich Inge Müller, Schneiderin zu lernen. Weil sie Linkshänderin ist, wird ihr dieser Berufswunsch verwehrt. So macht sie eine Lehre zur Verkäuferin. Mit 18 Jahren heiratet sie, auch, »um von zu Hause wegzukommen«. Es sei kein leichtes Leben gewesen, in der Ehe spielen die Bedürfnisse von Inge Müller ebenfalls keine ausschlaggebende Rolle. Das erste Kind stirbt kurz nach der Geburt, zwei weiteren Kindern schenkt Inge Müller das Leben. Wie sie es gelernt hat, funktioniert sie im Dienst der Familie. Auch finanziell ist ihr Spielraum eng, die junge Frau verdingt sich als Putzfrau und unterstützt Verwandte im Haushalt. Immer wieder wird dabei ihre Hilfsbereitschaft ausgenutzt.

Sehr positiv hat sie ihre Zeit bei der Firma COOP in Erinnerung, wo sie 18 Jahre beschäftigt war. Bis heute treffen sich ehemalige Kolleginnen und der Chef einmal im Jahr.

Auf dem Weg nach oben –
Feuertreppe des Gesundheitstreffpunktes in der Neckarstadt-Ost

Krankheit als Chance?

Mit knapp 50 Jahren erkrankt Inge Müller an einer chronischen Krankheit. 1988 schließt sie sich der gerade erstarkenden Selbsthilfebewegung an und gründet mit anderen Betroffenen 1992 eine Selbsthilfegruppe, die bis heute besteht. Inge Müller hilft auch in diesem Umfeld, wo sie gebraucht wird. Die ehrenamtliche Mitarbeit im Gesundheitstreffpunkt[19] entwickelt sich zu einem erfüllenden Hobby, aus etlichen sozialen Kontakten entstehen Freundschaften. Der Gesundheitstreffpunkt ist wie eine zweite Familie und neben den Treffen mit ihrer langjährigen Freundin das, was ihr am meisten Freude bereitet.

Wohlfühlorte – Vogelstangsee und Café im Vogelstangcenter

Trotz vieler negativer Erfahrungen mit anderen Menschen, trotz aller Enttäuschungen darüber und trotz etlicher Schicksalsschläge hat sie sich nie hängen lassen.

Aber: Seit ihrem Schlaganfall gesteht sie sich auch zu, etwas nicht zu wollen und deutlich mehr Grenzen zu setzen.

Auf meine Nachfrage, ob sie aus heutiger Sicht etwas anders machen würde in ihrem Leben, antwortet sie: »Ich würde nicht mehr mit 18 Jahren heiraten, das war zu früh für mich. Und den jungen Frauen rate ich, das Leben erst zu genießen.«

Elsa Hennseler

72 Jahre

»Aus dem Dschungel gerissen«

In Bayern, mitten im Wald in einem Holzhäuschen aufgewachsen, fühlt sich die kleine Elsa, als sie mit elf Jahren in die Mannheimer Neckarstadt ziehen muss, »wie aus dem Dschungel gerissen«. Im Jugendhaus Erlenhof kann sie sich austoben, ansonsten wird das Einzelkind vom strengen Vater, der in Bayern Schlagzeuger bei der Army und nur an Wochenenden zu Hause war, nachdem er nun in seiner Heimatstadt als Anstreicher arbeitet, überwacht. »Ich durfte nichts«, klagt Elsa Hennseler, nicht einmal an den Fotokursen, die sie so gern gemacht hätte, teilnehmen. Als Mädchen fühlt sie sich nicht, es zieht sie raus, mit den Jungs spielt sie Fußball, erkundet die Gegend und sie fotografiert. Als sie 16 Jahre alt ist, stirbt der Vater an Leukämie. Fortan lebt sie mit der dominanten, kontrollierenden und wortkargen Mutter in Neckarau. Nach der mittleren Reife macht sie eine Lehre als Bauzeichnerin, danach ihre Bautechnikerin und beginnt mit 19 Jahren das Fernstudium der Architektur. In dieser Zeit lernt sie auch ihren späteren Mann kennen, mit dem sie u. a. die Lust aufs Unterwegssein verbindet. In der freien Zeit fahren die beiden zuerst mit dem Käfer, dann mit dem VW-Bus und schließlich – als Eltern – mit dem Wohnmobil durch Europa.

Mit 24 Jahren bringt Elsa Hennseler ihre Tochter, 18 Monate später ihren Sohn auf die Welt. Die Familie kauft eine Hochhauswohnung auf der Vogelstang, die die bautechnisch versierte Frau bedarfsgerecht umbaut und heute noch bewohnt. Unbedingt will die junge Mutter für ihre Kinder da sein, doch bald fällt ihr im Hausfrauendasein die Decke auf den Kopf. Auch ohne Abschluss in Architektur jobbt sie bei Architekten und macht – gekocht und bewirtet hat sie schon immer gern – 1980 beim Hausfrauenverband[20] die Hauswirtschaftsmeisterin. Im gleichen Jahr kauft sie sich die erste Nikon.

Reisen und Fotografieren mit Leidenschaft

»Um die Fotografie zu finanzieren« steigt Elsa Hennseler in die Gastronomie ein, baut zunächst das SSV-Clubhaus aus und übernimmt dann, gemeinsam mit einer Geschäftspartnerin, die Bewirtschaftung des Hallenbads Neckarau. In dieser Branche lernt sie zahlreiche Prominente, auch Fotografinnen und Fotografen, kennen und erhält Anerkennung für ihre fotografischen Arbeiten. Sie porträtiert Pflanzen und »interessante Gesichter«. 1984 zeigt sie in ihrer ersten Ausstellung Fotos, die sie auf ihren Reisen gemacht hat, im Dalberghaus. Ihre Reisen führen sie – ab 1992 auch per Flugzeug und ohne Ehemann – in fast alle Teile der Welt. Ausgestellt werden ihre Fotos unter anderem in China und Australien. 1995 stellt sie bei den Kulturtagen Vogelstang[21] aus und steigt bald darauf in das Organisationsteam ein. Für Bücher über Feudenheim und Neckarau macht sie die Fotos ebenso wie für ein Buch über die Neckarauer Puppensammlung und eines über den Luisenpark. Sie begleitet den Seebühnenzauber fotografisch und lernt so die dort auftretenden Künstlerinnen und Künstler kennen. Schnuckenack Reinhardt, dem sie bei ihrem Winzer begegnet, lässt sich von ihr die letzten Jahre

Bei leichtem Schneefall am Altrheinarm Bellenkrappen

bis zu seinem Tod porträtieren. Auch zum Verein Rhein-Neckar Industriekultur[22] kommt sie über die Fotografie, arbeitet dort seit neun Jahren mit.

Mit 61 Jahren beschließt Elsa Hennseler während eines zehnwöchigen Aufenthalts in Mexiko die Trennung von ihrem Mann, mit dem sie nach über 40 Jahren kaum noch Gemeinsamkeiten verbinden. »Glücklich geschieden« bleibt sie allein, auch weil sie keine Lust mehr hat, sich anzupassen.

Als leidenschaftliche Gärtnerin baut Elsa Hennseler Obst und Gemüse an und ist so zumindest im Sommer Selbstversorgerin. Das ist auch insofern bedeutend, als sie sich seit 20 Jahren vegetarisch ernährt. Auslöser für den Umstieg auf eine fleischlose Ernährung waren heftige Allergien, die mit dem Verzicht auf Fleisch verschwunden sind.

Heute wünscht sie sich: »Dass es meinen Kindern gut geht und die Enkelkinder den richtigen Weg gehen.« Lachend fügt sie hinzu: »... und dass ich die Leute noch lange ärgern kann.« Sie hofft, agil zu bleiben und die Chance zu haben, ihre Ideen umzusetzen und noch viele fremde Kulturen kennenzulernen.

Edith Klebs

88 Jahre

»Dann suchst du dir was Neues.«

Ein Artikel im Mannheimer Morgen zu 40 Jahre Forum der Jugend bringt mich auf ihre Spur. Kennengelernt hatte ich das Seniorentheater Spätlese[23] in den 90er-Jahren in meiner Zeit als Vorsitzende des Mannheimer Gesundheitstreffpunkts. Bei mehreren unserer Veranstaltungen waren die Oldies mit ihren spritzigen Sketchen aufgetreten und hatten uns großes Vergnügen bereitet. Was war wohl aus Edith Klebs und ihrer Truppe geworden? Spontan erklärt sie sich am Telefon bereit, an meinem Projekt mitzuwirken. In ihrem schmucken Haus auf der Schönau treffe ich auf die jugendlich wirkende 88-Jährige.

Ja, das liege in der Familie, auch ihre Mutter habe viel jünger ausgesehen. Die Mutter, Kindergärtnerin, die 1925 wegen der Heirat mit einem Lehrer ihre Stelle aufgeben musste, »so war das damals«, spielt eine große Rolle in Edith Klebs' Leben. Nachdem der Vater kurz vor Ende des Krieges 1945 gefallen ist, rücken die 15-Jährige, ihr fünf Jahre jüngerer Bruder und die Mutter noch enger zusammen, auch im wörtlichen Sinn, weil in die Schulmeisterwohnung in Weinheim Fremde miteinquartiert werden. Jahrelang wird den Dreien die Pension des Vaters vorenthalten, sodass sie sich mit Heimarbeit, z. B. dem Basteln von Holzzwergen, über Wasser halten. Obwohl die finanzielle Situation prekär ist, besteht die Mutter darauf, dass die Tochter auf dem Gymnasium verbleibt: »Der Vater hätte es so gewollt.«

Nach dem Abitur macht Edith Klebs die Ausbildung zur Volksschullehrerin. Sie arbeitet zunächst an der Schule in Weinheim, wird dort bald »eingespart« und erhält das Angebot, in die »Hilfsschule« zu wechseln. Sie absolviert einen Lehrgang in Stuttgart und landet

schließlich auf der Sonderschule für Lernbehinderte in Mannheim-Schönau. Die Arbeit, vor allem mit den Kleinen, gefällt ihr gut, auch die so ungekünstelte Schönau. Während der Bruder früh den Absprung schafft, bringt sie es nicht übers Herz, die Mutter allein zu lassen und lebt bis zu ihrer Heirat mit 36 Jahren mit ihr auf engem Raum. Später – nachdem die geistigen Kräfte der Mutter nachlassen – holt die Familie sie in ihr Haus auf die Schönau, wo sich auch der Ehemann und die beiden Söhne sehr liebevoll um die alte Dame kümmern.

»Es ist der Text, aus dem was rauszukitzeln ...«

Theater bzw. aus Texten was »rauszukitzeln«, fasziniert Edith Klebs. Mit ihren SchülerInnen erarbeitet sie Theaterstücke und tritt mit der Gruppe bei Schultheaterwochen in Mannheim und Ulm auf. Beim Aufbau des Kindertheaters Schnawwl ist sie beteiligt und wirkt beim Mannheimer Mimentheater im Forum der Jugend mit. Angeregt von dessen Leiterin Uschi Brotz entsteht die Idee einer Seniorentheatergruppe, deren Gründung 1990 erfolgt. Edith Klebs, erfahrene Theaterfrau und mittlerweile im Vorruhestand, wird deren Leiterin. Sie schreibt den fünf Damen und zwei Herren die Rollen auf den Leib. Das kleine Ensemble, das alle Requisiten, Kostüme und Bühnenbilder selbst macht, bei dem die fehlenden Männer schon mal durch Puppen und die Bäume durch angemalte Regenschirme ersetzt werden, entwickelt sich nicht nur zu einer eingeschworenen Gemeinschaft, sondern auch zu einem in Stadt und Region gefragten Amateurtheater. Bis heute erinnert sich Edith Klebs dankbar an die Mitarbeiterinnen und Mitarbeiter des Forums der Jugend, die den »spätjugendlichen Menschen« nicht nur eine Heimat, sondern auch kräftig Unterstützung gegeben haben. 2011 fällt der letzte Vorhang, nachdem die Gruppe ihrer »Prinzipalin« zum 80sten Geburtstag ein Schattentheater als Überraschungsgeschenk macht.

Nicht nur Texte reizen Edith Klebs, sie liebt die Natur, Regen und Sonnenschein, ihren Garten, und immer wieder, etwas zu gestalten. Die Ideen gehen der Kreativen nicht aus: »Ich sehe überall was, Gesichter und Formen.« So stellt sie »ScanArt« her, Figuren aus Blütenteilen, die sie einscannt und zu Glückwunschkarten verarbeitet.

Mit ScanArt

Als sie nicht mehr nähen konnte, sagte sie sich: »Das ist jetzt eben fertig, dann suchst du dir was Neues.« Ab und an tritt sie auch auf, z. B. bei szenischen Lesungen in der örtlichen Bücherei oder als Moderatorin beim Musikensemble einer Freundin.

Mit ihrem Ehemann verbindet sie das Interesse an Kultur, Reisen, Theaterbesuchen und natürlich die Freude über die Söhne und deren Familien. Unübersehbar schmücken gemalte Bilder und Fotos von den Nachkommen und deren gebastelte Geschenke das Haus.

Für sich selbst wünscht sich Edith Klebs, »dass ich klar genug und kräftig bleibe und den Humor nicht verliere«.

Konstanze Lindemann

80 Jahre

»Ich liebe meine Stadt.«

In der Dammstraße in der Neckarstadt-West aufgewachsen, als Erwachsene lange am Wasserturm gelebt und seit fünfzehn Jahren in H 7 wohnend, ist Konstanze Lindemann eine Mannheimerin durch und durch. Den Jungbusch – ihr »Lieblingsquartier« – durchquert sie schon als Kind auf ihrem Weg zum Elisabeth-Gymnasium (»ich habe noch das Dröhnen der Schiffswerft in den Ohren«). 1939 geboren, verbringt sie einen Teil des Kriegs bei den Großeltern im Odenwald, auch eine Region, die ihr bis heute naheliegt. Als Einzelkind von belesenen und musisch interessierten Eltern, der Vater hat als Diplomkaufmann eine gehobene Position beim Strebelwerk und spielt Geige, die Mutter spielt Klavier und war vor der Heirat Sekretärin, gehört Bildung und das Künstlerische schon früh zu Konstanzes Alltag. Nicht überbehütet wird sie aber auch »auf der Gass« und auf der Neckarwiese sozialisiert, im Neckar bringt sie sich selbst das Schwimmen bei.

Nach dem Abitur liebäugelt sie mit einem Kunststudium, doch die »bodenständigen Eltern« präferieren was Solides. Und da trifft es sich, dass die junge Frau durch ihre positiven Erfahrungen mit der Jugendarbeit in der Lutherkirche, wo sie als Kind und Jugendliche auch einen wichtigen Teil ihrer Freizeit verbracht hat, stark geprägt ist. So macht sie die zweijährige Lehrerausbildung am Pädagogischen Institut in Heidelberg und landet als junge Lehrerin in einer Schule im Schwarzwald. Nach einem Jahr darf sie nach Mannheim zurück und unterrichtet Volksschülerinnen und -schüler in der Alten Schönauschule. Drei Jahre später wechselt sie in die Neckarstädter Uhlandschule und erlebt auch da immer wieder »intelligente Kinder«, denen als Arbeiterkindern eine höhere Bildung verwehrt wird, was sie sehr bedauert.

Im Jungbusch

»Bleib in deinem Beruf!«

Parallel spielt natürlich auch die Liebe eine wichtige Rolle. Mit 23 Jahren heiratet Konstanze den jungen, selbstständigen Architekten Don Lindemann, sechs Jahre später bringt sie ihren Sohn auf die Welt. Ihre Mutter beschwört sie: »Bleib in deinem Beruf« und unterstützt sie tatkräftig. »Mein Einkommen als Beamtin war stets verlässlich da«, sagt Konstanze Lindemann heute nicht ohne Stolz. Nachdem sie mit 35 Jahren ihr zweites Kind – eine Tochter – bekommt, lässt sie sich an die in wenigen Minuten fußläufig erreichbare Pestalozzi-Grundschule versetzen. Dort erlebt sie »Gastarbeiterkinder«, die sich enorm anstrengen, mit ihren deutschen Mitschülerinnen und -schülern mithalten zu können. Erst im Alter von 50 Jahren bewirbt sich die engagierte Lehrerin auf die Stelle der Konrektorin und sagt heute selbstkritisch: »Ich hätte mir früher mehr zutrauen sollen.«

Als Konstanze Lindemann nach 43 Berufsjahren die Pensionsgrenze erreicht hat und aus dem Lehrerinnenleben aussteigt, »bricht plötzlich etwas weg«. Auf der Suche nach einer neuen Aufgabe beginnt die jugendliche Pensionärin, sich intensiv mit ihrer Stadt zu beschäftigen. Gerade ins H-7-Quadrat gezogen, erkundet sie ihr Viertel, liest

sich in dessen Historie ein, sucht besondere Orte auf, z. B. das Gründerinnenzentrum oder Orte jüdischen Lebens, wird Mitglied im Bürgerverein und erobert sich ihren Lieblingsstadtteil, den Jungbusch – eine Liebe, die der 16-jährige Enkel zur Freude der Großmutter übernommen hat. Privat bietet sie Führungen durch ihr Mannheim an. Auch das Malen, für das sie vorher nur im Urlaub Zeit hatte, intensiviert sie. »Ich male mir Buntheit in mein Leben.« Und sie sucht sich ein »Nebenamt«, wie es einst Albert Schweitzer empfohlen hat.

Konstanze Lindemann vor einem ihrer Kunstwerke

»Frauen nehmt am öffentlichen Leben teil!«

Bei der Caritas wird Konstanze Lindemann Integrationsbegleiterin und nimmt sich einer jungen indischen Frau an, die kein Wort Deutsch spricht. Bis heute ist sie deren Beraterin. In der Sozialstation der katholischen Frauen hilft sie im Baby5-Laden beim Kleiderverkauf. Seit etlichen Jahren ist sie Mitglied im Deutschen Frauenring[24], Ortsring Mannheim, und inzwischen auch dessen Schatzmeisterin. Sie schätzt und unterstützt die vielfältigen – vor allem karitativen – Aktivitäten dort. Über die Tatsache, dass der »Freundeskreis im Alter bröckelt«, können alle Ehrenämter zwar nicht weghelfen, aber sie halten lebendig und verschaffen Anerkennung.

Ihren Geschlechtsgenossinnen rät Konstanze Lindemann, sich nicht von Männern abhängig zu machen und sich viel stärker in das öffentliche Leben einzumischen.

Walburgis Kiefer

77 Jahre

»Wir sollten mehr Zeit für die Menschen haben.«

Sie haben einen außergewöhnlichen Lebensweg eingeschlagen. Liegt der Hintergrund dafür im Elternhaus?

Nun, meine Eltern waren beide katholisch und hatten sich sogar bei Exerzitien kennengelernt. Mein Vater war christlicher Gewerkschaftssekretär. Mein ein Jahr älterer Bruder und ich sind noch im Krieg aufgewachsen, davon habe ich aber nichts gemerkt. Ich hatte eine schöne Kindheit.

Wie lange sind Sie schon Ordensschwester?

Nach der Hauptschule war ich drei Jahre in einer Weberei als Arbeiterin. Mit 19 Jahren habe ich dann eine Ausbildung zur Säuglingspflegerin bei den evangelischen Schwestern in Lörrach gemacht. Das hat mir gut gefallen, aber als Katholikin wollte ich in einem katholischen Haus arbeiten, so bin ich zu den Barmherzigen Schwestern gekommen. Dort wurde bestimmt, dass ich die Ausbildung zur Krankenschwester im Theresienkrankenhaus machen sollte, so bin ich seit 55 Jahren in Mannheim.

Waren Ihre Eltern damals einverstanden mit Ihrem Entschluss?

Fürsorge war in unserer Familie immer sehr wichtig. Auch meine beiden jüngeren Schwestern sind Krankenschwestern geworden, allerdings nicht in einem Orden.

In einem Orden sein heißt ja auch versorgt sein ...

Ja, das war durchaus positiv für meine Eltern.

Im Büro im
Theresienkranken-
haus

Und wie wurden Sie zur Ordensschwester?

Ich war 20 Jahre alt, als das einjährige Noviziat begann, eine stren-
ge Ausbildung im Orden, in dem z. B. Besuch von außen verboten
ist. Mit 21 Jahren erfolgte die Einkleidung, d. h., ich erhielt meine
Schwesterntracht und meinen Ordensnamen und legte den Profess[1]
ab. Im zweiten Jahr war ich dann schon im Theresienkrankenhaus
zur Ausbildung, wo ich mehr Freiheiten hatte.

---

1 Gelübde, in eheloser Keuschheit und ohne Besitz zu leben und sich auf Lebenszeit an den Orden und seine Regeln zu binden.

Wenn Sie zivile Krankenschwester wären, könnten Sie schon etliche Jahre Ihren Ruhestand genießen. Nun sind Sie als Oberin ja auch Teil der Klinikleitung und in besonderer Verantwortung. Wie sieht denn Ihr Alltag aus, heute beispielsweise?

Um fünf Uhr aufstehen, um sechs in die Kapelle, Gottesdienst, dann Frühstück, E-Mails und Zeitung lesen, die Konferenz vorbereiten, an der Hauszeitschrift arbeiten, Patientenbesuche auf den Stationen, Einkäufe, auch hauswirtschaftliche Tätigkeiten. Viel Zeit verbringe ich im Kleiderlager, um für Menschen, die nichts zum Wechseln dabei haben, passende Kleidung zu suchen. Manche Patientinnen und Patienten kommen nur mit dem, was sie auf dem Leib tragen, hier an, z. B. Obdachlose oder auch Leute aus dem Altenheim.

Wenn ich das so überschlage – und vermutlich sind Sie auch an den Wochenenden im Einsatz –, kommen Sie wohl auf eine längere Arbeitszeit als in einem Fulltimejob?

Ja, das stimmt. Ich bin ja immer da und habe oft Bereitschaft. Wenn es sein muss, hole ich auch mitten in der Nacht einem Alkoholiker ein Bier aus dem Keller, damit er nicht ins Delirium kommt.

Dürfen Sie aufhören, zu arbeiten, wenn Sie nicht mehr wollen?

Eine unserer Schwestern ist schon seit 60 Jahren im OP. Sie macht nun eben andere Arbeiten wie Frischoperierte zudecken, die frieren ja immer. Aber wenn Schwestern sagen, es geht nicht mehr, dann dürfen sie auch aufhören.

Bekommen Sie eine Entlohnung für Ihre Arbeit?

Wir erhalten eine kleine Rente, die geht aber auch an den Orden. Wir dürfen keinen Besitz haben, auch keinen eigenen Fernseher im Zimmer. Was wir brauchen, haben wir, eher noch mehr. Ich bin die Einzige, die einen Führerschein hat und ein Auto für den Konvent[2]. Damit mache ich Besorgungen oder fahre Schwestern zu Terminen, z. B. zu Ärztinnen und Ärzten, die wir nicht im Haus haben, oder zu Besuchen bei anderen Schwestern, die mittlerweile in Altenheimen wohnen.

---

2 Gemeinschaft der Ordensschwestern.

Wie sieht es mit Urlaub aus?

Theoretisch stehen mir vier Wochen zu, davon fahre ich zwei Wochen weg, mit einer Gruppe von sechs Leuten, wir singen und wandern. Eine Woche verbringe ich mit Exerzitien im Orden in Freiburg, also fünf Tage Stillschweigen und Gebete.

Müssen Sie Ihre Tracht in der Öffentlichkeit immer tragen?

Im Urlaub tragen wir zivil, aber nichts Besonderes, ganz einfache Kleidung.

Haben Sie Hobbies?

Ich liebe Musik, vor allem klassische. Bis vor einigen Jahren habe ich Querflöte gespielt. Ich habe auch gern getanzt, ich singe im Krankenhauschor und lese gern. Früher hatten wir im Krankenhaus auch ein Schwimmbad, da war ich regelmäßig schwimmen.

Im Badeanzug?

Ja, damit habe ich kein Problem.

Die katholische Kirche ist schwer in Verruf geraten durch die öffentlich gewordene massive und massenhafte sexuelle Gewalt, ausgeübt von Kirchenmännern gegenüber Kindern und Jugendlichen. Wie stehen Sie dazu?

Diese Priester müssen aus dem Verkehr gezogen werden, nicht nur versetzt. Das hört ja nicht auf, die machen ja weiter. Und, es darf nicht vertuscht werden.

Ihr Krankenhaus wird von einem Männerorden übernommen. Was ist der Hintergrund dafür?

Unser Orden hat seit 30 Jahren keinen Nachwuchs mehr. 1970 waren wir hier noch 120 Schwestern, 1979 80 und heute gerade noch neun. Die Barmherzigen Brüder Trier übernehmen Häuser, die keinen Nachwuchs haben. Seit Juni arbeiten sie sich ein und übernehmen ab Januar 2019.

Was bedeutet das für Ihre Position?

Ich behalte mein Büro, werde aber durch einen Hausoberen entlastet und habe dann mehr Zeit für Patientenbesuche.

Was wünschen Sie sich für das Krankenhaus?

Vor allem, dass im Klinikalltag mehr Ruhe einkehrt und weniger Hektik herrscht. Wir sollten mehr Zeit für die Menschen haben. Jetzt ist es ja so, dass die Patientinnen und Patienten durch die Geräte gejagt und so schnell, also sozusagen blutig, entlassen werden. Aber die Krankenkassen wollen das so.

Haben Sie es jemals bereut, diesen Weg eingeschlagen und selbst keine Kinder bekommen zu haben?

Ich liebe Kinder. Mit den Familien meiner Geschwister habe ich guten Kontakt. Als OP-Schwester in der Geburtsklinik war ich bei den Kindern und als Unterrichtsschwester habe ich jahrelang junge Menschen ausgebildet. Nein, ich habe es nicht bereut.

Haben Sie einen persönlichen Wunsch?

Ja, einen ruhigen Lebensabend, sodass ich das machen kann, was ich gern mache, mehr beten, singen und lesen.

Oberin Walburgis wurde 1941 als Hedwig Kiefer in Wehr geboren. Zur Schwester Walburgis wurde sie durch ihren Eintritt in den Orden der Barmherzigen Schwestern vom heiligen Vinzenz von Paul in Freiburg. Bis 2018 ist der Orden als alleiniger Gesellschafter Träger des über 90 Jahre alten Theresienkrankenhauses und der St. Hedwig-Klinik, die heute in einer GmbH zusammengeschlossen sind. Oberin und damit Chefin des Konvents und Mitglied in der Klinikleitung ist Schwester Walburgis seit 1980. Sie ist außerdem Vertreterin der Krankenhäuser im Mannheimer Caritasrat.
2019 übernimmt der Orden der Barmherzigen Brüder Trier Trägerschaft und Geschäftsführung der GmbH.

Dank

Beim Suchen und Finden geeigneter Teilnehmerinnen haben etliche Personen Ideen und Kontakte eingebracht. In der schwierigen Anfangsphase im Frühjahr 2017 motivierte Ursula Rossi die »Pionierinnen« aus dem Kreise der Mannheimer jungen Alten (MajunA). Ohne sie wäre das Projekt nicht ins Laufen gekommen. Dafür herzlichen Dank. Für die Vermittlung von weiteren Mitwirkenden bedanke ich mich bei Bärbel Handlos vom Gesundheitstreffpunkt Mannheim, Fiona Diago vom ThomasCarree, Hannelore Stahl von den DJK-Frauen, Sonja Leyghdt vom Landfrauenverband, Johannes Kronauer vom Mannheimer Seniorenorchester, Claus-Peter Sauter (†) und Ingrid Bohnert vom Mannheimer Seniorenrat, Ute Münch vom Deutschen Frauenring und last not least meiner Freundin Irmgard Rother sowie vielen Ungenannten, die mich in Gesprächen ermutigten und mir immer wieder zu neuen Ideen verhalfen.

Für die freundliche und unbürokratische Unterstützung bei Fototerminen gilt mein herzlicher Dank der Rhein-Neckar-Air GmbH, namentlich Bianca Hohenadel und Tanja Krüger, dem Personal des Herzogenriedbads sowie Dr. Dorothee Höfert von der Kunsthalle Mannheim.

Ein spezielles Dankeschön gebührt meiner Freundin und Lektorin Gabi Gumbel, die wieder einmal meine Texte korrigiert hat.

Ganz besonders bedanke ich mich bei allen, die das Projekt durch ihre Teilnahme ermöglicht haben, für ihren Mut und ihre Offenheit und für den Spaß, den wir zusammen hatten.

Autorin

Ulrike Thomas, 1956 geboren, studierte in Mannheim und Heidelberg. Seit 1997 arbeitet die promovierte Diplom-Psychologin als Psychotherapeutin in eigener Praxis in Mannheim.

Fotografisches Know-how hat sie sich selbst erarbeitet und in Kursen bei namhaften Fotografen vertieft. Das Interesse an Menschen, ihren Lebensläufen und Besonderheiten ist das Handwerk der Psychotherapeutin, das Gespräch ihr Werkzeug. Der Gerontologin ist die Beschäftigung mit der Lebenssituation älterer Menschen und deren Anliegen ein wichtiges Thema. Die Feministin möchte einen Beitrag

zum Abbau von Vorurteilen gegenüber Frauen leisten. Als Autorin und Fotografin gibt Ulrike Thomas ihren Themen Gestalt.

Für ihre Dissertation »›Man hat das halt so hingenommen‹. Depressive Symptomatik bei Frauen im Alter: Eine empirische Untersuchung der Einflüsse der geschlechtsspezifischen Sozialisation und des daraus folgenden Rollenverhaltens im Lebenslauf« erhielt sie 1998 den Elisabeth-Selbert-Preis des Landes Hessen.

Anmerkungen

1 Die **einander.Aktionstage** fanden 2018 vom 28.09. bis zum 27.10. bereits zum dritten Mal in Mannheim statt. Sie zielen darauf, das vielfältige Engagement vor Ort sichtbar zusammenzuführen und ein städtisches Klima zu stärken, das vom wechselseitigen Respekt der hier lebenden Menschen geprägt ist. Als Impulsgeber der einander.Aktionstage ruft das **Mannheimer Bündnis für ein Zusammenleben in Vielfalt** alle Einrichtungen, Organisationen, Vereine und sonstigen Gruppen und Akteure dazu auf, sich mit eigenen Kooperationsveranstaltungen aktiv an den Aktionstagen zu beteiligen.

2 **Offenes Netzwerk Mannheimer Frauen**: ein loser Zusammenschluss Mannheimer Frauen mit unterschiedlichem beruflichem und politischem Hintergrund, deren gemeinsames Anliegen die Verbesserung der Lebenssituation von Frauen in Mannheim ist. Das Netzwerk erarbeitet inhaltliche Stellungnahmen zu verschiedenen Themen und beteiligt sich mit eigenen Beiträgen an Aktionstagen, um dem Anliegen mehr Stimme und Nachdruck zu verleihen.

3 Der 1999 gegründete **KulturQuer QuerKultur Rhein-Neckar e. V.** hat sich die Förderung zeitgenössischer Kunst und Kultur zum Ziel gesetzt. Angesichts von Globalisierung muss das Verständnis von Kunst und Kultur neu definiert werden. Eine Perspektive ist die der Migrantinnen und Migranten, also von Persönlichkeiten, die in ihrer Biografie kulturelle Vielfalt erfahren haben und aus ihr heraus zeitgenössische Sprachen und Kulturen entwickeln. In der Bezeichnung »quer« drückt sich die Überzeugung aus, dass Menschen in aller Welt mehr Gemeinsamkeiten haben als Differenzen. Die Kinder von Migrantinnen und Migranten haben längst begonnen, sich den auf Lebenszeit bescheinigten Identitätskrisen zu entledigen und entwachsen dem kulturellen Ghetto. Diesen Prozess will der Verein künstlerisch, politisch, institutionell und finanziell fördern und tut dies mit zahlreichen großen und kleinen Veranstaltungen aus Kunst, Kultur und interkultureller Bildung, vor allem in Mannheim. So beteiligt sich KulturQuer QuerKultur Rhein-Neckar e. V. alljährlich an der Vorbereitung und Durchführung der **Agenda-21-Kino-Woche** und präsentiert in der Literaturreihe **europa_morgen_land** ebenfalls jedes Jahr eine vielfältige Literatur- und Kulturlandschaft, die sich im letzten halben Jahrhundert der Migrationsgeschichte Deutschlands ausgebildet hat (www.kulturquer.de).

4 **Save Me Mannheim** ist eine Initiative zur Verbesserung der Situation von Geflüchteten. Ziel ist es, das Leben von Geflüchteten durch politische, soziale und kulturelle Arbeit zu verbessern. Seit 2010 ist die Initiative Teil einer bundesweit aktiven, von Pro Asyl unterstützten Flüchtlingskampagne und mit Mannheimer Flüchtlingsinitiativen und Sozialverbänden vernetzt. Save Me Mannheim sucht das offene Gespräch mit Politikerinnen/Politikern und Behörden, um auf Missstände aufmerksam zu machen und gemeinsam Lösungen zu finden. Save Me Mannheim sitzt mit am Runden Tisch Asyl und steht Menschen, die Geflüchtete

ehrenamtlich begleiten, mit seinem Netzwerk zur Verfügung. Die Initiative organisiert Spendensammelaktionen zur Direkthilfe für Geflüchtete und organisiert Veranstaltungen mit dem Ziel, Geflüchtete als Menschen sichtbar und hörbar zu machen (www.save-me-mannheim.de).

5 Der **Arbeitskreis Justiz und Geschichte des Nationalsozialismus in Mannheim e. V.** recherchiert auf lokaler Ebene zu Themen der NS-Geschichte und der Nachkriegsgeschichte wie das NS-Sondergericht, die »Arisierung« und Verwertung jüdischen Eigentums, das Erbgesundheitsgericht und die Zwangssterilisationen in Mannheim.

6 Der **Mannheimer Seniorenrat e. V.** wurde 1990 gegründet. Ziel war eine parteipolitisch und konfessionell neutrale, von ehrenamtlichen MitarbeiterInnen getragene Anlaufstelle. Mitglieder des Mannheimer Seniorenrates sind Organisationen und Verbände, die sich für die Belange der SeniorInnen in Mannheim einsetzen. Das Zentrum der Tätigkeit sind die beiden Beratungspavillons im Stadthaus N 1, die für Gespräche und Informationen im Bereich Pflege, Wohnen, Betreuung und Vorsorge, für Hilfe in Problemsituationen und für Verbindungen zu städtischen und kirchlichen Gremien und Einrichtungen bereitstehen.

7 Die **Arbeitsgemeinschaft Barrierefreiheit (AGB)** unter dem Dach des Paritätischen Wohlfahrtsverbandes Mannheim setzt sich aus mobilitätsbehinderten Menschen und Vertreterinnen und Vertretern von Behindertenverbänden zusammen. Die AGB existiert seit Juli 2001. Neben körperbehinderten Personen (hauptsächlich Rollstuhlfahrer/innen) arbeiten auch sehbehinderte und hörgeschädigte Menschen mit. Das Ziel der AGB ist ein barrierefreies Mannheim als wesentliche Voraussetzung zur Integration behinderter Menschen.

8 **Mannheimer junge Alte (MajunA)** ist seit 2004 ein eingetragener gemeinnütziger Verein, dessen Ziel die Förderung und Umsetzung des gemeinschaftlichen und selbstbestimmten Wohnens ist. Nach Jahren zäher Überzeugungsarbeit konnte 2010 das erste Wohnprojekt in einem kernsanierten Haus der GBG in der Neckarstadt-Ost verwirklicht werden. Die Appartements von ca. 40, 60 oder 80 m² können von den Vereinsmitgliedern gemietet werden. Im Erdgeschoss steht ein Gemeinschaftsraum zur Verfügung, in dem täglich gemeinsame Aktivitäten angeboten werden. Im August 2014 wurde ein weiteres MajunA-Haus mit 18 barrierefreien Wohnungen sowie mehreren Gemeinschaftsräumen im Stadtteil Schönau fertiggestellt. Die Wohnungsgrößen liegen zwischen 43 und 56 m².

9 Mannheimer junge Alte (MajunA) s. 8

10 Mannheimer junge Alte (MajunA) s. 8

11 Der **LandFrauenverband Rhein-Neckar Kreis Mannheim** wurde 1949 gegründet. Derzeit besteht er aus 24 Ortsvereinen mit über 2000 Mitgliedern. Vom reinen Berufsverband der Bäuerinnen ausgehend hat er sich bis heute zu einem vielschichtigen sozialen Netzwerk weiterentwickelt, unabhängig von Partei und Konfession. Ziel des Kreis-LandFrauenverbandes ist es, die Frauen aller Generationen im gesellschaftlichen und berufsständischen Leben zu fördern und ihre Belange auf sozialem, kulturellem und wirtschaftlichem Gebiet zu vertreten. Der Kreisverband koordiniert und fördert die Tätigkeit der

Ortsvereine und bietet Seminare, Fortbildungs- und Vortragsveranstaltungen, LandFrauentage, Studienfahrten und unterschiedliche kreative Aktivitäten an.

12 Mannheimer junge Alte (MajunA) s. 8

13 Die **Freilichtbühne Mannheim** ist ein Amateurtheater, das seit über 100 Jahren besteht. Gegründet wurde der Verein 1913 unter dem Namen »Dramatischer Club« in Mannheim-Waldhof. Die heutige Freilichtbühne existierte zu dieser Zeit noch nicht, Theater wurde im Gemeindesaal der St.-Franziskus-Gemeinde gespielt. Erst 1950 fanden die ersten Aufführungen unter freiem Himmel statt – die »Freilichtbühne Mannheim e. V.« war geboren. Derzeit hat die Freilichtbühne Mannheim rund 260 Mitglieder, die am Spielgeschehen auf und hinter der Bühne ehrenamtlich teilnehmen. Dazu gehören Regie, Bühnenbau, Kostüme, Maske, Requisite, Licht, Ton, aber auch Kartenverkauf, Verwaltung, Service und vieles mehr. Spielstätte ist in den Sommermonaten die Freilichtbühne mit 800, im Herbst und Winter das Zimmertheater mit 83 Sitzplätzen. 2015 wurde die Zimmertheaterproduktion »Das Geheimnis der Irma Vep« mit dem Landesamateurtheaterpreis in der Kategorie Innenraumtheater ausgezeichnet.

14 Das **ThomasCarree**, eine Einrichtung der evangelischen Kirche, wurde 2018 in Mannheim-Neuostheim eröffnet. Im Haus finden sich vollstationäre Pflege, Tagespflege, pflegenahes Wohnen und Betreutes Wohnen unter einem Dach. Das Bistro im Erdgeschoss ist öffentlich zugänglich.

15 KulturQuer QuerKultur s. 3.

16 Save me Mannheim s. 4

17 Mannheimer Seniorenrat s. 6

18 Seit 1992 betreibt der Verein **Aktive Senioren Mannheim e. V.** den Kopernikustreff in der Kopernikusstraße 43 in Mannheim-Schwetzingerstadt. Die Einrichtung bietet neben preiswerter Bewirtung ein vielfältiges Programm, das von Schach- oder Skatnachmittagen über Gedächtnistraining bis hin zu Sportangeboten reicht. Trägerin ist die Stadt Mannheim.

19 Der **Gesundheitstreffpunkt Mannheim e. V.** engagiert sich seit seiner Gründung 1981 in vielfältiger Weise im Sozial- und Gesundheitsbereich: Mit seiner Kontakt- und Informationsstelle für Selbsthilfe sorgt er für die notwendige hauptamtliche Unterstützung des ehrenamtlichen Engagements in den Selbsthilfegruppen und hilft jährlich mehr als 4500 Menschen durch Beratung und Information. Mit Veranstaltungen, Projekten und der Herausgabe der Zeitungen »gesundheitspress« und »Selbsthilfe+« informiert der Gesundheitstreffpunkt die Mannheimer Bevölkerung und gibt Anstöße für die Entwicklung neuer Initiativen (www.gesundheitstreffpunkt-mannheim.de).

20 Der **Mannheimer Hausfrauenverband** bestand von 1915 bis 1935 und wurde 1950 neu gegründet. Ziele waren die Interessenvertretung des Berufsstandes Hausfrau gegenüber staatlicher und kommunaler Verwaltung und praktische Hilfe vor Ort. 2010 erfolgte die Umbenennung in Deutscher Hausfrauenbund **DHB-Netzwerk Haushalt Ortsverband Mannheim**, damit sich alle Haushaltsführenden, Frauen wie Männer, angesprochen fühlen und bei Interesse auch Mitglied werden können. Für eine partnerschaftliche Arbeitsteilung in Familie, Haushalt und Erwerbsleben sind fundierte und an-

wendungsorientierte Informationen und praktische Hilfen wichtig. Dafür bietet der Verband Kurse an. Zudem führt er seit fünf Jahrzehnten Lehrgänge zur Vorbereitung auf die Prüfung zum/zur HauswirtschafterIn und zum/zur MeisterIn der Hauswirtschaft an. Seit 1960 unterhält der DHB in Mannheim eine Beratungstelle, in der alle Interessierten kostenlos Informationen einholen können (www.dhbnetzwerk-mannheim.de).

21 Seit 1994 werden alljährlich die **Kulturtage Vogelstang** von einem ehrenamtlichen Kulturarbeitskreis veranstaltet. Damit erhalten im Mannheimer Stadtteil Vogelstang künstlerische und kulturelle Projekte, die einen Bezug zum Stadtteil haben und einen Beitrag zur Aktivierung und Belebung leisten, ein Forum zur Präsentation und Diskussion.

22 Der **Verein Rhein-Neckar-Industriekultur e. V. (RNIK)** besteht seit 2008 und wird vom rein ehrenamtlichen Engagement seiner Mitglieder getragen. Er betreibt eine Webseite, auf der bereits ca. 300 Objekte beschrieben und bebildert sind. Mit vielfältigen Führungen, Besichtigungen, Schiffs- oder Radtouren, Veranstaltungen und Ausstellungen bereichert der Verein das regionale Kultur- und Bildungsangebot. Nicht nur Industrielandschaften und -architektur zeigen, wie bewegt die Geschichte der Industrialisierung in der Rhein-Neckar-Region ist. Ebenso spannend ist die Sozialgeschichte der Arbeit. Die industrielle Produktion hat erhebliche Auswirkungen auf Mensch und Natur, auf das Wirtschaftssystem und die sozialen Verhältnisse. Die Industrie und die technischen Leistungen ihrer PionierInnen, ArchitektInnen, Arbeiterinnen und Arbeiter waren und sind prägend für die Städte und Gemeinden der Region. Der Verein Rhein-Neckar-Industriekultur will darüber hinaus die Wertschätzung industrieller Bauten erreichen. Zahlreiche Beispiele von neuer Nutzung alter Gebäude zeigen, dass das hervorragend geht (www.rhein-neckar-industriekultur.de).

23 Die Seniorentheatergruppe **Mannheimer Spätlese** wurde 1990 im Forum der Jugend gegründet und startete mit fünf Damen und zwei Herren. Zum zehnten Jahrestag blickte das Ensemble unter der Leitung von Edith Klebs auf 103 Auftritte an 47 Spielorten, davon 25 in Mannheim und 22 außerhalb, zurück. Das Repertoire umfasste zwölf Programme. Nach dem 80sten Geburtstag der Leiterin fiel 2011 der letzte Vorhang.

24 Der **Deutsche Frauenring e. V. (DFR)** ist ein bundesweiter Verein, der sich für die Rechte und den Schutz von Frauen einsetzt. Er ist in Ortsringe gegliedert. Um diese Ziele umzusetzen, veranstaltet der DFR, Ortsring Mannheim e. V., Benefizaktionen wie Konzerte und Flohmärkte. Der Erlös dieser Aktionen kommt Einrichtungen in Mannheim zugute, die sich für schutzbedürftige Frauen einsetzen und Hilfe suchen, wie zum Beispiel die Mannheimer Frauenhäuser oder die OASE (eine Beratungsstelle für wohnungslose Frauen). Auch die jährlich am Weltfrauentag durchgeführte Aktion »Handtaschen für Amalie« ist eine Initiative des DFR Mannheim. Darüber hinaus gibt es im DFR Mannheim unterschiedliche Arbeitskreise zu den Themen Bildung und Politik sowie Vorträge von Referentinnen und Referenten. Regelmäßig finden Tagesfahrten und der Besuch von Ausstellungen statt. Interessierte Frauen jeden Alters sind herzlich willkommen. Kontakt: Ute Münch, erste Vorsitzende des DFR Mannheim e. V. (ute-mannheim@t-online.de).

Ulrike Thomas:
»Der Schöne und das Biest«

Im mittleren Lebensalter wird Peter von der bitteren Erkenntnis überrascht, dass er nutzlos geworden ist. Die Tochter beim Studium in Bayern, die Eltern auf einer Kreuzfahrt in der Welt, der beste Freund viel beschäftigt in einer anderen Stadt und die Gattin Monika bei einem Jüngeren, sitzt er einsam und verlassen in dem großen Haus und fragt sich, wie lange es wohl dauerte, bis er verhungert wäre.

Mit dem Stilmittel des Geschlechtertauschs entlarvt die Autorin schonungslos klischeehafte Sprach- und Verhaltensmuster, wie wir sie alle kennen. Anhand des Lebenslaufs von Peter gelingt es ihr, die Herausforderungen und Zumutungen eines unspektakulären Frauenlebens wahrnehmbar zu machen.

Flott erzählt, entwickelt sich die Geschichte zu einem modernen Märchen für Erwachsene.

2013 bei Books on Demand Norderstedt (ISBN 978-3-7322-5497-2)

Ulrike Thomas: **»Der fehlende Mann«**

Just in der Vorweihnachtszeit versucht Psychotherapeutin Monika Klein das mysteriöse Verschwinden Jacob Rinnsteins aufzuklären, ein älterer Mann, der sich als Kunstsammler und spendabler Gönner in Mannheim einen Namen gemacht hat ...

Die Erzählung rankt sich um Beziehungen zwischen Männern und Frauen, Geschlechterrollen, das Alleinsein als Single oder zu zweit und die unterschiedlichen Versuche damit zurecht zu kommen.

Im Mittelpunkt der Geschichte stehen zwei Frauen aus zwei Generationen, die über 80-jährige Luise Rinnstein und die über 50-jährige Therapeutin Monika Klein. Fast beiläufig wird ein kritisch-ironischer Blick auf die Kommunalpolitik geworfen und das in der medialen Darstellung oft schräge Bild der psychotherapeutischen Arbeit zurechtgerückt.

2016 bei Books on Demand Norderstedt (ISBN 978-3-7339-232621)